远　见　成　就　未　来

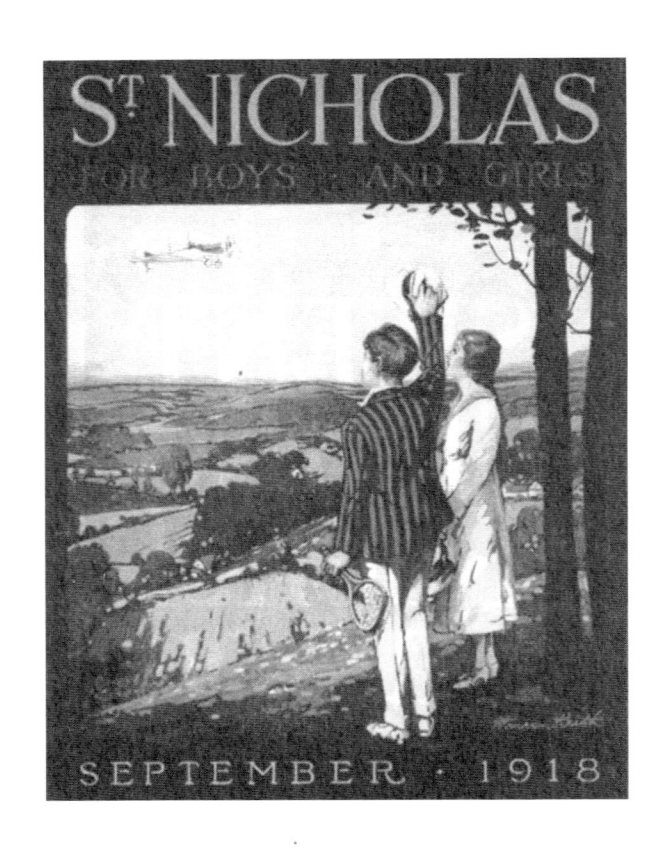

《圣尼古拉》杂志1918年9月刊——刊载了卡逊首次发表的文章,因文章获得肯定,给了卡逊很大自信。

宾夕法尼亚女子学院的英文系教授格雷丝·克罗夫（左）与卡逊。（拍摄者不详）

玛丽·斯科特·斯金克,她对卡逊选择生物学道路起了很大影响。

《海风下》以生物学知识为基础，同时适合大众读者阅读。

我是
蕾切尔·卡逊

我为自然和女性科学家发声

筑摩书房编辑部 著

杨云鹏 译

中国出版集团
中译出版社

图书在版编目（CIP）数据

我是蕾切尔·卡逊/日本筑摩书房编辑部著；杨云鹏译. -- 北京：中译出版社，2019.7
ISBN 978-7-5001-5886-8

Ⅰ. ①我… Ⅱ. ①日… ②杨… Ⅲ. ①卡森（Carson, Rachel 1907-1964）—传记 Ⅳ. ①K837.126.1

中国版本图书馆CIP数据核字（2018）第300875号

CHIKUMA HYODEN SERIES "PORTRAIT" RACHEL · CARSON: "CHIMMOKU NO HARU"
DE KANKYOMONDAI O UTTAETA SEIBUTSUGAKUSHA
Copyright © CHIKUMASHOBO LTD. 2014
Chinese translation rights in simplified characters arranged with CHIKUMASHOBO LTD, through Japan UNI Agency, Inc., Tokyo and Hanhe International (HK) Co., Ltd., Beijing.

版权登记号：01-2018-8201

我是蕾切尔·卡逊

出版发行：	中译出版社
地　　址：	北京市西城区车公庄大街甲4号物华大厦六层
电　　话：	（010）68359101；68359303（发行部）；68357328；53601537（编辑部）
邮　　编：	100044
电子邮箱：	book@ctph.com.cn
网　　址：	http://www.ctph.com.cn
出 版 人：	张高里
特约编辑：	楼伟珊　冯丽媛
责任编辑：	郭宇佳　张孟词
封面设计：	肖晋兴
排　　版：	壹原视觉
印　　刷：	北京中科印刷有限公司
经　　销：	新华书店
规　　格：	787毫米×1092毫米　1/32
印　　张：	5.75
字　　数：	52千字
版　　次：	2019年7月第1版
印　　次：	2019年7月第1次

ISBN 978-7-5001-5886-8　　　　　定价：32.80元

版权所有　侵权必究
中译出版社

这不仅仅是科学家的问题，而是我们每一个人的问题，因为我们都受到自然的眷顾，不与自然联系起来的话，我们谁都活不下去。

——蕾切尔·卡逊

写在前面的话

几十年前，在南太平洋某个岛国的村子里，村民们为了全村的清洁卫生，准备把村子里的苍蝇统统杀光。他们将双对氯苯基三氯乙烷（以下称DDT，当时全世界都在使用的一种强力杀虫剂）喷洒到村子的各个角落。清洁计划成功了，苍蝇被消灭得一只不剩。

然而，这成了悲剧的开始。

以苍蝇为食的蜥蜴体内积攒了大量有毒成分，而吃掉这些蜥蜴的野猫开始接连不断地死亡。一旦野猫这种天敌消失，老鼠开始大量繁殖，鼠疫也开始在村子里蔓延……

我们能从这个真实事件中吸取不少教训，而其中很重要的一点就是：万事万物环环相扣，我们人类也处在这一循环当中。

我们人类曾经非常清楚这一点,我们原本能够真切地感受到大自然带给我们的恩惠和威胁。但不知从什么时候开始,许多人的行为表现得像是忘了这一点,或者是在否认这一点。

随着20世纪科技的大发展,这种行为变得越来越明显。

科学技术的进步使得许多不可能变成可能,人类也开始以自然界的主宰者自居,认为能够按照自己的意志改造大自然。

在南太平洋的那个村子里,如果当时有人提出,让村子变干净的方法不是消灭苍蝇,而是创造出一个不适宜苍蝇生存的清洁环境,避免苍蝇泛滥成灾,那可能就不会出现后面这一连串悲剧了。

人类没有从"巴别塔"中吸取教训,依然是那种一旦获得了某种力量,便会不加节制地加以使用的生物。

在南太平洋村庄的事件发生前不久,有一个国家也举国上下陷入了相似的困境。

那就是20世纪50年代的美国。

美国在经历了第二次世界大战后成为世界上最强大的国家,许多美国人享受着丰富且文明的生活,而这一切都得益于飞速发展的科技。也正因为如此,许多美国人极其信任本国的科学技术。

通过化学合成的有机杀虫剂和农药,便是精湛科技带来的产物。一经喷洒,烦人的害虫眨眼间就一扫而空。美国人几乎将它们视为"魔法药",大量而无节制地加以使用。

在当时的美国电影中,飞机从空中大量喷洒杀虫剂和农药的镜头再常见不过了。如果以现今的认知,我们立刻就能意识到这样的行为将导致严重的环境污染,但当时"信仰"科技的美国人完全没有意识到这一点。也正因为没有人认为这是在破坏自然，所以只有极少数人把农药导致鸟类和鱼类大量死亡当作一个严重的问题。可以说，这些问题是人类妄自尊大，忘记了自己也处在自然循环当中所导致的恶果。

这时，第一个站出来大声疾呼的就是蕾切尔·卡逊（1907—1964）。

通过著作《寂静的春天》，她告诉人们滥用杀虫剂和农药是多么危险。一石激起千层浪，美国社会对这一问题展开了大讨论，她本人也处在了被诽谤和恶意诋毁的风口浪尖。尽管如此，她依旧抱着坚定的信念和使命感，继续坚持自己的观点。

从这一刻开始，"环境问题"，这个我们现在经常听到、看到、用到的词汇，登上了历史舞台。

是蕾切尔·卡逊，使人们的注意力开始从

拼命追求丰裕的物质生活转移到更重要的事情上来。也正是她，让人们开始关注人与自然之间的关系。

要是当初她生活在南太平洋上的那个村子里，那她很有可能成为提出不同意见的人。她会劝说大家，让村子变干净的方法不是消灭苍蝇，而是创造出一个不适宜苍蝇生存的清洁环境。

本书讲述了蕾切尔·卡逊奋斗的青春和她写下《寂静的春天》前后的人生旅程。希望大家在读完本书后能够产生这样的想法：

"真想读一读《寂静的春天》。"

目　录

第一章　我自己来写　　1

第二章　作家还是生物学家？　　17

第三章　与大海结缘的人生　　45

第四章　《环绕我们的海洋》　　73

第五章　走向《寂静的春天》　　105

第六章　争议　　121

后　记　每个人都要有一个大梦想　　145

年　表　153
参考文献　157
思考题　163

第一章

我自己来写

那是在1958年1月。

有一天,著名的海洋传记作家蕾切尔·卡逊(时年51岁)收到了一封来信。写信人是一位老朋友——奥尔加·赫金斯夫人。她曾是一名记者,也是卡逊的笔友。

她在信中描述了一件发生在自家附近的令人难以容忍的事情。

赫金斯夫人住在马萨诸塞州,她和丈夫都十分热爱自然,于是就将自家周围将近1万平方米的森林用围墙围了起来,建起了一个私人的鸟类禁猎区。那件"令人难以容忍的事情"就发生在这个禁猎区内。

1957年夏天,马萨诸塞州政府制订了一项消灭州内蚊子的计划。政府动用了专用飞机，多次从空中喷洒大量杀虫剂。这一措施固然杀死了很多蚊子，但也夺去了许多无辜的生命。

杀虫剂威力十足，强大的杀伤力波及了赫金斯夫妇的禁猎区，在那里平静生活的鸟类成了受害者。愤怒的赫金斯夫人这样描述了当时的情形：

"一场'无害'的淋浴过后，7只欢快歌唱的小鸟立刻倒地死亡；第二天清晨，我们在玄关前发现了3只鸟的尸体……又过了一天，我们又在水塘附近发现了3只死去的小鸟。接下来的一天，在附近的森林中，一只旅鸫突然从树枝上掉了下来。看到这些，我们俩非常伤心，完全不想继续寻找其他死去的小鸟。这些鸟儿都是惨死的，死去时因为太过痛苦，嘴巴张得大大的，爪子伸得笔直。"

赫金斯夫人还在信中说，马萨诸塞州政府

决定近期开始新一轮的杀虫剂喷洒计划。为了阻止政府的这一计划,她希望卡逊介绍一位能够帮助她们夫妇的人。

卡逊马上感到"出大事了"。

在当时的美国,合成杀虫剂和农药的使用基本处于无限制的状态,每天都有很多杀虫剂和农药从空中喷洒到地面,并且许多人没觉得这一行为有什么问题。当时的人们甚至能在漫天飞舞的白色杀虫剂粉末中安心地吃饭。

从很早以前,卡逊就担忧这种行为会对自然和人类产生某种不好的影响。早在十几年前,她曾给杂志社写信,警告人们DDT这种最常用的杀虫剂"必然会对生物产生负面影响"。

在她成为著名作家后,生活的巨变使她无法全力解决这件事,但她从未停止对这件事的关注。

实际上,当时美国各地还有很多环境污染

事件可能也是由杀虫剂或农药引起的。

1957年发生的"长岛事件"甚至导致土地主将政府告上了法庭。当时美国农业部和纽约州政府为了消灭舞毒蛾，从空中洒下了混有重油的DDT，不仅造成了鸟类和昆虫的死亡，还污染了动物的饮水槽，连喝了污水的马匹都死了。

卡逊非常关心这一事件，收集了大量关于事件的报道和判决资料。赫金斯夫人的信件就是在这个节骨眼寄来的——果然如卡逊担忧的那样，无限制地使用杀虫剂和农药带来了巨大的灾难。

"应当由你亲自来做"

即便美国各地出现了许多这样的事件，美

国联邦政府和州政府却不准备出台任何政策。他们认为:"蚊和蛾是传染病的源头,相较于消灭这些麻烦的害虫所带来的益处,死几只鸟根本不是什么大问题。"

不仅仅是政府,当时大多数的普通民众也是这样认为的。在长岛事件的诉讼中,土地主提出的"不要再喷洒杀虫剂"这一极为正当的诉讼请求也遭到了驳回。

卡逊觉得不能再沉默下去了。她先是联系了多家杂志社,希望它们刊登她所写的关于滥用杀虫剂和农药导致危害的文章。可事与愿违,所有杂志社都拒绝了她,其中一家杂志社更是对她说:"关于这个问题,我们认为根本没有考虑的余地。"可见不单单是普通民众,连媒体都认为"这不是一件值得大书特书的事情"。

然而,越是看到这样的现实,卡逊越强烈地感到,"不能再这样下去了"。这已不仅仅是发生在赫金斯夫妇的禁猎区内的问题了。卡逊开始感到，考虑到人与自然的未来，这是一个非常重要的、根本性的问题。

话虽如此，她对于自己站出来解决问题还是稍稍有些犹豫。毕竟她虽然是一位科学家，却不是精通杀虫剂和农药的化学家。而且当时她打算写作一本有关人类进化的新作品，并且已经开始着手撰写。如果自己去推动杀虫剂和农药的滥用议题，她的写作计划势必要暂时中断。因此，她希望能找一个和自己想法一致的人来写这些文章，揭发滥用杀虫剂和农药的危害。

卡逊选择了美国著名杂志《纽约客》的记者——E. B. 怀特。怀特不仅是一位全美知名的记者，还一直在呼吁环境保护的重要性。他从很早就开始审视DDT等合成杀虫剂和农药的危险性，自然也与卡逊相识。

卡逊坚信"他才是最合适的",便立刻给他写了一封信:"如果你肯拿起笔来反对这种愚蠢的行为,我会非常高兴。"

卡逊很快收到了回信,她期待的事情却未能如愿。怀特在信中充分肯定了这件事的意义,但也明确表示"不"担此重任。他继续写道:"这件事应当由你亲自来做。"

卡逊陷入了深深的烦恼。除了怀特,她找不到第二个人来托付这份事业,况且"应当由你亲自来做"这句话也有一定道理。

最终卡逊下定了决心:"好,我自己来写。"

这便是通向《寂静的春天》的第一步。

明天的寓言

从卡逊决心自己动笔,到完成《寂静的春

天》,一共花了4年多的时间。在这本书出版不到两年,她就去世了。她的一生只有短短的56年。

在写作期间,她经历了最亲爱的母亲的离世,自己身上查出癌症也给她带来了很大打击。但即便这样,卡逊依然笔耕不辍,把完成《寂静的春天》当作自己的使命。

《寂静的春天》便是这样一部凝聚了卡逊心血的作品,于1962年9月出版。

在成书出版之前,一部分内容已经刊登在了杂志上,于是整个美国社会仿佛等不及成书的到来,早早就开始了一场"大讨论"。

关于这场讨论的详细情况,我们将在之后的章节中进行介绍。我们先来看一看《寂静的春天》这本书。

《寂静的春天》到底是一本什么样的书?

第一章《明天的寓言》就十分引人注目。

寓言是用比喻性的故事来寄托意味深长的道理，而《寂静的春天》是一本以科学事实为基础的非虚构类图书。将一则虚构的寓言作为一本非虚构类图书的第一章，这样的编排史无前例，也让第一章成为批评者攻击的对象。他们认为第一章讲述的是一个虚构的故事，因而全书并不算是关于科学的非虚构性讨论，因为"这不就是科幻小说嘛"。这其中也有一部分科学家，他们虽然赞成卡逊的观点，但也批评说，第一章的虚构成分使得整本书失去了可信度。

《寂静的春天》的支持者却高度评价第一章，认为这本书正是因为它才大获成功。另外，许多了解卡逊的人，虽然不是那么狂热的支持者，也认为卡逊在第一章中最充分地表达了她想表达的思想。

《明天的寓言》篇幅不过3页，却以象征的手法概括了卡逊在《寂静的春天》整本书中所试图表达的深意。

让我们先来读一读第一章《明天的寓言》，从而对《寂静的春天》稍作了解吧。

故事发生在美国的一个小镇上。这个小镇风景优美，花鸟鱼虫都与人类和谐地生活在一起。突然有一天，一股黑影笼罩在小镇上空。生物不明原因地接连死去，最终人类也遭受了同样的命运。

> 这里有着一种奇怪的寂静。比如，鸟儿——它们都去哪儿了？许多人发出疑问，心中困惑又不安。后院的喂食器门庭冷落；周围偶尔见到的鸟儿也奄奄一息，它们全身战栗，无法飞起。这是一个没有声响的春天。在曾经回响着旅鸫、猫鹊、鸽子、冠蓝鸦、冬鹪鹩及众多其他鸣禽的黎明大合唱的清晨，现在没有丝毫声音，只有笼

罩在原野、森林和湿地上的一片沉寂。

在农场里，母鸡孵蛋，却没有小鸡破壳。……苹果树开花正盛，却没有蜜蜂在花间穿梭。……甚至溪流现在也毫无生机。再无垂钓者到来，因为所有鱼儿都已经死掉。

在屋檐下的排水沟中，在房顶上的屋顶板间，仍然可以大片大片地看到一种白色的颗粒状粉末；在几周前，它们曾像雪片一样到处飘落在房顶和草坪、原野和溪流上。不是巫术，不是敌对行动造成这个遭灾的世界陷入死寂。是人们自己造成的。

这个小镇实际上并不存在，但在美国或世界上其他地方很容易找到一千个与它相似的地方。我知道，没有一个社区遭受了我描述的所有这些不幸，但每一项这样的灾祸实际上在某些地方都发生过，并且许多实际存在的社区已经遭受了多种不幸。一个可怕的幽灵已经悄悄逼近我们，而这个想象的悲剧场景很可能就会变成我们都看得见的惨淡现实。

希望被很多普通人读到

虽然《明天的寓言》是全书17章中的第一章，却是最后完成的。这是因为卡逊在写完大部分内容后突然想到，书的开头可以不是自己目前所写的关于杀虫剂和农药的专业内容，因而改用大家都读得懂的寓言故事作为开篇。为了让尽可能多的人读到这本书，她首先构筑了一个门槛很低的入口。这本书不是写给那些鼓吹科学万能的所谓的科学家的，她希望那些平时不会接触到科学的普通民众也能够读到这本书。

卡逊认为，当时美国的自然环境已经到了非常危险的地步，而能够意识到问题存在并加以制止的，不是那些思想陈旧的科学家，而是每一个普通美国人。她早已预料到，专家们会批评"这本书其实就是科幻小说"，但她还是这样写下了第一章，希望更多人能像她自己一样怀有危机感。

我想，卡逊一定会这样说："这不仅仅是科学家的问题，而是我们每一个人的问题，因为我们都受到自然的眷顾，不与自然联系起来的话，我们谁都活不下去。"

《寂静的春天》出版后，不到两周就登上了《纽约时报》畅销书榜，仅一个月就升至榜首，并在此后的30多个星期里连续上榜。该书的精装版一经出版就轻松卖出了50多万册。

《寂静的春天》不仅在美国卖得好，其话题也吸引了国外读者的注意。它被翻译成了20多种语言，书中的信息也得以传递给世界各地的人们。

在这本书出版两年后的1964年，日本也引进了这本书。当时，公害问题正引起全日本的关注，被评价为直击环境问题的《寂静的春天》，也因此被许多人奉为环境问题的"圣经"。

美国作家罗伯特·唐斯将《寂静的春天》选入他的《改变美国的25本书》中，并这样评价道：

> 冲击人们的固有观念，催促人们立刻行动起来。在这一点上，能和托马斯·潘恩的《常识》和斯托夫人的《汤姆叔叔的小屋》……相提并论的就是蕾切尔·卡逊的《寂静的春天》。

可见《寂静的春天》不仅揭露了滥用杀虫剂和农药的危害,更让很多读者感到"不能再这样下去了"。这一点就足以让这本书入选"改变美国的图书"。

1935年,蕾切尔·卡逊还不到28岁,她自己的简历表明,当时她身高162厘米,体重52千克,是一位体型娇小的美国女性。认识她的人对日常生活中的卡逊的一致评价是"温和、内敛"。

接下来就让我们来了解一下,蕾切尔·卡逊究竟是怎样一位女性?

第二章

作家还是生物学家？

1907年5月27日,蕾切尔·卡逊出生于美国宾夕法尼亚州的斯普林代尔。这是一个仅有1000多人的小镇,在它西南30千米就是钢铁之都匹兹堡。

父亲罗伯特和母亲玛利亚都是虔诚的基督徒。蕾切尔有一个大自己10岁的姐姐玛丽安和大自己8岁的哥哥罗伯特二世。她出生的时候,父亲43岁,母亲38岁,老来得女,又因为和哥哥姐姐的年龄相差较大,所以她从小在一家人的宠爱下长大。

她的父亲在距离镇中心3000米外的地方拥有一个面积26万平方米的农场,他们全家就住在农场的小山丘上。农场里不仅有果园,还养着羊、鸡、猪、马等动物。房子的周围是成片的森林和原野，在山丘上能望见远处的河流。蕾切尔就在这片广袤优美的大自然中度过了自己的少女时代。

父亲罗伯特十分顾家，是蕾切尔口中"最喜欢的爸爸"。但作为家庭的支柱，由于体弱多病，加之不善处世，他在工作中并不顺心，算不上普遍意义上的"成功人士"。

他估计城市未来会扩张，所以买下了蕾切尔从小长大的那片农场，希望以后作为住宅用地卖掉。但这个炒地皮的美梦终究未能变成现实。

蕾切尔出生时，父亲是一位保险推销员，但他一个人的收入难以担起一个五口之家，所以母亲玛利亚也通过教附近的小孩钢琴、卖苹果或卖鸡蛋补贴家用。即便如此，卡逊家依然很穷，这一点给蕾切尔之后的生活造成了很多困扰。

母亲玛利亚是一位严守基督教价值观的女性,在蕾切尔的生命中一直扮演着不可替代的角色。如果没有玛利亚,蕾切尔的人生很可能会走上其他道路。对蕾切尔而言,母亲玛利亚是极为重要的。

玛利亚出生于一个牧师家庭,有一个姐姐。她以优异的成绩毕业于一所著名的女子神学院,严格的家教和丰富的知识让她在毕业后成了一名老师。但由于当时不允许已婚女性任教,她在25岁时,为了与罗伯特结婚而不得不放弃教师职业。

在那时的美国,对女性而言比较理想的选择就是结婚生子,成为一位贤妻良母,支持全家。作为牧师的女儿,玛利亚接受了严格的家庭教育,对当时这种社会常识和伦理道德十分顺从。然而,在美国的偏远农村平凡地当着主妇,日复一日,玛利亚总感到少了些什么。丈夫罗伯特虽然是个好人，却是一个不谙世事的平庸之人。在意识到这一点后，她越来越不能满足，于是就将自己旺盛的精力投入到了对子女的教育当中。

酷爱读书的玛利亚只要一有空就会给孩子们读书。在女子神学院时，她就掌握了丰富的音乐才能，钢琴和唱歌水平都很出众。现在她把这些毫无保留地传授给了孩子们。

从19世纪末到20世纪初，自然学习运动曾经风靡全美，玛利亚也积极投身其中。顾名思义，自然学习运动就是向大自然学习，让孩子们理解大自然的多彩和美妙，从而使他们热爱自然、关心自然。

卡逊一家的农场正是最好的课堂。可惜，蕾切尔的哥哥和姐姐对母亲玛利亚而言不算是"好学生"。两人对自然的关注和理解都没有达到玛利亚的期待，她对此十分遗憾，尽管她表面上没有表现出来。

就在这时,蕾切尔出生了。

我最好的学生

玛利亚已经 38 岁了,从老二罗伯特二世出生,已经过去了 8 年时间。在这种情况下,玛利亚没有对再次怀孕抱有很大期望,蕾切尔的降生让她喜出望外。

"蕾切尔"是玛利亚母亲的名字。在玛利亚 11 岁时,她的父亲去世了,她的母亲凭借一己之力精心管教玛利亚两姐妹。玛利亚满怀着对母亲的尊敬和感激,给这个小女儿取名"蕾切尔"。

在蕾切尔 1 岁左右的时候,玛利亚就开始给她读书、唱歌。等到她开始蹒跚学步,玛利亚会陪着她在森林和田野里散步，教给她有关大自然的知识。

蕾切尔在听妈妈讲解知识的时候，眼里闪着光。她尤其对大自然的各种知识表现出强烈的兴趣。不管在大自然中待多长时间，她从来不会感到无聊，并且理解能力非常出色。对于自己好奇的事情，她会持续观察，直到解决为止。一个问题解决后，她又会很快转向下一个问题，就这样不断扩大自己的兴趣范围。蕾切尔所表现出的好奇心与玛利亚的前两个孩子是完全不同的。对此，玛利亚心想，"这个孩子可能是我最好的学生"。

儿时的蕾切尔身体并不太结实，上小学时经常请病假。每当这个时候，母亲玛利亚就会教她功课，像朋友一样陪在她的身边。因此，即便有不少缺勤，蕾切尔的成绩一直名列前茅。

后来回忆当年，她这样说道：

不知从什么时候开始,我对自然界和其中的生物有了强烈的兴趣。我从母亲那里继承了这些兴趣,并且我们一直志趣相投。我是个比较孤独的孩子,所以在森林深处、小溪岸边度过了很多时光,学到了很多关于花鸟鱼虫的知识。

也是在这个时期,她心中种下了"成为作家"的种子。

《圣尼古拉专栏》

受到母亲的影响,蕾切尔在不到 10 岁时就非常喜欢读书,也非常喜欢写文章。鼓励她真正想要"写文章"的是当时美国很多孩子都在读的一本叫作《圣尼古拉》的杂志。

从蕾切尔的哥哥姐姐能够读书时起,玛利亚就一直订阅这本杂志。尤其吸引蕾切尔的是其中的《圣尼古拉专栏》,栏目的文章全部来自读者投稿。

这个栏目在读者中人气很高,每个月都会收到许多小读者寄来的诗歌、故事、绘画等作品。如果作品被评为优秀并刊登在杂志上,第一名的小作者能获得金徽章,第二名获得银徽章,集齐金徽章和银徽章后就能成为名誉会员并收到一笔奖金。收到杂志社颁发的徽章,对当时的美国孩子来说是件非常值得骄傲的事。

蕾切尔 11 岁时第一次给《圣尼古拉专栏》投稿,作品的题目是《云中的战斗》。故事的原型来自哥哥罗伯特二世在第一次世界大战时所写家书中的故事,讲的是一位加拿大飞行员在法国战场上不幸牺牲。蕾切尔用自己的语言将哥哥的来信改写成故事,寄给了《圣尼古拉专栏》。

几个月过去了,就在她和母亲认为徽章无望的时候,最新一期的《圣尼古拉》寄到了家里,其中获得银徽章的作品就是她所写的《云中的战斗》。她和母亲还有其他家人都喜出望外。

受到鼓舞的蕾切尔此后又多次投稿,并且全部都得到发表,她也因而成了名誉会员,获得了奖金。

就这样,由于自己写的东西获得好评还能拿到钱,"成为作家"的种子在蕾切尔的心中逐渐开始生根发芽。

她后来在回忆那段时光时写道:

> 幼年时看到自己的文章印在杂志上是一种非常宝贵的经验,或许这种经验能在孩子心中种下"成为作家"的梦。

此后，蕾切尔坚持给《圣尼古拉专栏》投稿。12岁时，杂志社给她的文章支付了稿费。虽然一个词1便士的费用不高，但在她的回忆里，这是自己"成为一名职业作家"的标志。在日后成为著名作家后，她很少和别人说起自己的故事，唯独"12岁就成为职业作家"这件事总让她津津乐道。

自豪地活着

转眼间，卡逊到了上中学的年龄。

她居住的斯普林代尔没有中学，但有两个九年级和十年级的辅导班，所以镇上大部分孩子都去附近的镇子上中学。卡逊和她的哥哥姐姐一样，留在当地上辅导班，因为家里的经济状况不允许她去邻镇的中学上学。

可以说，卡逊第一次尝到了人生的苦。但她并不打算向命运低头，反而在懂得世事艰辛、真正了解自己的过程中产生了这样的体悟："最重要的是不能失去尊严，人要自豪地活着。"

母亲玛利亚正是这样活着的——虽然只是美国农村一户贫苦人家的主妇，但她的知识素养和自信让她时刻保持着自豪。

卡逊也希望像母亲一样自豪地活着。她希望通过丰富"知识"、不失"自信"来克服贫穷，以及贫穷带来的脆弱和自卑。

自助者天助之。

卡逊的哥哥姐姐在当地学习两年后，选择不再继续升学，而是进入社会；只有卡逊一个人得到家里支持，转学到附近帕尔纳索斯的中学继续学业。这可能是因为卡逊排行最小，在家里特别受宠，也可能是因为她的成绩出众。但在这件事中发挥最大影响的，还是母亲玛利亚无论如何也要帮助她实现梦想的强烈意志。

为了节省路费，卡逊选择乘坐有轨电车上学，电车虽然发车时间不规律，但价格便宜。为了准时到校，她早上很早就出发；放学后为了赶车，她甚至不能和同学玩一会儿再走，也没有时间参加课外活动。

即便这样，她仍然感到非常满足。

虽然还是很孤独，但她并不悲伤，有时候觉得"自己可能有点变了"，但她也没有刻意改变自己。

尽管在斯普林代尔只学过非常基础的中学知识，但在进入新的学校后，她的成绩也一直名列前茅。她性格文静，与周围少有交流，只知道学习，成绩优异——可以说，中学时的卡逊在别人眼中有些奇怪，有些难以相处。不过，她专心执着地做着自己应做的事，同学们虽然觉得她与众不同，但也不得不承认她的优秀。

1925年5月,在即将迎来18岁生日时,她从帕尔纳索斯中学毕业了。在毕业纪念册的照片的下面,同学们赠给她这样一首诗:

> 蕾切尔像正午的太阳,
> 总是明亮聪慧;
> 绝不停止她的学习,
> 直到弄懂弄对。

我是个理想主义者

1925年,以优异的成绩从帕尔纳索斯中学毕业后,卡逊进入了位于匹兹堡的著名女子学院——宾夕法尼亚女子学院。

在当时的美国,女性受教育一般到中学为止,进入大学被认为是富裕家庭的女孩子才会做的事情。美国早在1920年就承认了妇女的选举权，比日本早了25年，但在女性接受教育和参与社会事务的方面，当时美国社会的认知依然很保守。

这一次，尽管知道将背负沉重的经济负担，但家里还是决定送她进大学深造。成绩优异的卡逊获得了每年100美金的州奖学金，但由于住宿和伙食费每年需要800美元，奖学金显然是杯水车薪。为了筹钱，父母卖掉了农场的一部分土地，母亲玛利亚的钢琴课也增加了招生，甚至卖掉了结婚时陪嫁的名贵瓷器。就这样，父母准备好了必要的钱，并给了卡逊很少的一点生活费，把卡逊送进了新世界。卡逊在大学期间的所有衣服都是母亲亲手缝制的。这些衣服以实用、耐穿为首要考量，设计和色彩搭配则没有那么重要，但穿着这样的衣服，卡逊一点都没有感到低人一等。一想到母亲为自己上大学所付出的努力,她就没法对衣服挑三拣四。况且在她看来,人生最重要的就是"自豪地活着",所以换句话说,"走自己的路,让别人说去吧"。

进入大学后没多久,卡逊就借着自我介绍的机会写了一篇题为《我是怎样的人,我为什么进入大学》的文章。她在文章中这样描述自己:

> 我 18 岁时就是长老会成员。
> 我喜欢一切透着自然之美的事物,野生动物都是我的朋友。
> 我读过很多书。
> 我是个理想主义者。

卡逊的直率不由让人对这些文字中透露出来的小小自负生出一种莫名的好感。

她本想在大学中学习英国文学。自己将来的大目标是"成为作家",这个选择是再自然不过了。大学一年级时,卡逊的三篇文章得到了格雷丝·克罗夫小姐(Grace Croff)的称赞。对卡逊来说,克罗夫小姐是她文学路上一位值得信赖的导师,两人经常在课堂之外热烈地探讨文学和艺术。后来,人们称赞卡逊的文章"简明易懂"(这种独特风格使得她的作品成为畅销书,哪怕她那些与科学相关的作品与普通人的生活关系不大),而为卡逊的文风打下基础的,正是大学时克罗夫小姐的指导。

课外生活方面,卡逊对曲棍球运动表现出相当大的热情,并在球队担任守门员。但她对茶话会、聚会这种热闹的场合没什么兴趣,与男同学的接触也不积极;每当遇到这种场合,她都会把自己关在房间里学习。这可能是因为卡逊只有母亲亲手制作的棉质衣服,不过她也应该不会为了要出席那些场合而对这些衣服感到不满。

卡逊还是那个独来独往、我行我素的女孩子。因此,尽管有一部分同学觉得卡逊"奇怪"而不与她交往,但也不乏能够理解她的人。有个同学一直不喜欢冷冰冰的、不爱说话的卡逊,但有一次在科学课上,她无法对准显微镜的焦距,正在着急的时候,旁边的卡逊轻松帮她对好了焦,这也让她改变了对卡逊的看法。她发现,卡逊其实很热情,也很好相处,之所以表面上看起来冷冰冰的,只是因为她性格内敛。从那以后,她们成了无话不谈的好朋友。

大学第一年的生活对卡逊来说是充实而满足的。在学习方面,努力自然有回报,第一学年结束时,卡逊成了十名"优秀大一学生"之一。卡逊感到十分骄傲。但就在这个时候,她又要面对下一个难题了。

斯金克老师

大二的时候,生物学成了卡逊的必修课。这就是另一个难题的开端。

卡逊原本就喜欢自然,也非常喜欢研究生物。因此,生物学是她非常擅长的一个科目,也是她最感兴趣的一门课。在听了大学的生物课后,她更觉得有意思了。这或许让她想起了日复一日在森林和原野中漫步、与各种生物为伴以排解孤独的少女时代。大学生物课还帮她解开了许多小时候无法理解的自然之谜,并且了解越多,浮现的未解之谜也越多,大自然显得越发神秘,反过来又促使她想要了解更多。

可以说,卡逊对生物学的兴趣已经不仅仅停留在"喜欢"和"有趣"的层面上,她已经意识到:"我最想学的不是文学,而是生物学啊!"

卡逊会这样想,不仅仅是因为生物学自身的魅力,也是因为遇到了她的生物学老师,玛丽·斯科特·斯金克(Mary Scott Skinker)。

尽管卡逊不爱交际,喜欢独处,但同样有很多人愿意帮助她。尤其是一些同为女性的热心帮助者或支持者发挥了非常大的作用,在卡逊人生的一个又一个关键节点,给予她鼓励,救她于困境。这位生物学女教授玛丽·斯科特·斯金克便是其中之一,名副其实是卡逊的一位重要贵人。

与斯金克小姐相识,促使卡逊在成为作家的道路上作出了一个巨大的转向。事后看来,要是当初卡逊没有转向,可能就不会出现后来的畅销书作家蕾切尔·卡逊,也就不会有《寂静的春天》这本书了。因此,与斯金克小姐相识,对卡逊而言意义深远。

在认识卡逊时,斯金克小姐虽然已过了35

岁，但貌美聪慧，干练利落，她的学生和她周围的人都不明白为什么她一直没有结婚。斯金克在高中毕业后成为一名中学老师，但在不到25岁时辞职去读大学，并取得了动物学硕士学位，后来被宾夕法尼亚女子学院聘为教授。

在当时的美国，女性教授，尤其是在生物学等学科任职的女性理科教授非常少见。斯金克不仅漂亮干练，更是走在时代前列的女性，这让她成为众多学生崇拜的对象。卡逊最初想必也是崇拜斯金克小姐的学生中的一员。不过，两人很快就不仅仅是师生关系，而是成了尊重彼此的朋友。仔细想来，她们俩都努力而专注，都是理想主义者，都坚持自豪地活着。这些共同点使得她们的关系超越了师生关系，成为志同道合的朋友。

一方面，卡逊从书中和自然界中获得了很多知识，斯金克则教会了卡逊这些知识背后的原理，使这些知识变得真实而鲜活；另一方面，斯金克也对卡逊丰富的知识、强大的理解能力以及旺盛的好奇心感到惊讶。不找到答案不罢休的韧劲是每一个学生物学的人必备的素质，斯金克在卡逊身上找到了"教书的意义"。

卡逊经常会在课后向斯金克询问各种问题；不仅如此，在树荫下，在花园长椅上，在校园里处处都能见到她们探讨生物学问题的身影。

随着对生物学理解的加深，卡逊开始思考"自己是不是应该一直这样走下去"。

科学不适合女性

对卡逊来说，从文学转到生物学并不是那么轻而易举的。

一个问题就是经济压力。卡逊一直通过在

大学里获得奖学金或其他经济补助填补学费和住宿费的缺口。能够获得经济补助,也是因为卡逊成绩优异,学校看好她在成为作家的道路上,或者说与文学相关的领域中能够有所成就。突然转去学生物学的话,她还能获得学校的经济支持吗?不过,由于卡逊家已经用农场的几块地做了担保,所以学费的问题可以先放一放。

更迫在眉睫的问题是,假设选择了生物学这条道路,她今后的人生会发生什么样的变化?

那个年代的普遍认知是,包括生物学在内的自然科学是不适合女性的。当时人们认为女性在体力和智力上都不如男性,不适合做科学工作,所以女性科学家屈指可数。大学里学理科专业的女生非常少,即便毕业了,也不过是做做老师,并且结婚后大都会辞掉工作。就连理解卡逊想当作家并给予她经济支持的宾夕法尼亚女子学院院长，在得知她想换专业后也怒不可遏，并将这一切归咎于"幕后主使"斯金克小姐。

要想了解当时的女性成为一名科学家需要花费多大努力，只需看看斯金克小姐随后的遭遇就明白了。

斯金克小姐在成为宾夕法尼亚女子学院的教授后，为了谋求进一步的职业发展，在1933年攻读了动物学博士学位，而后在她工作的研究机构中一路晋升。然而就在这时，她遇到了一位不允许男女科学家平等工作的上司，职场环境急转直下。这位上司不让她进行专业研究，不仅横加阻拦，甚至搅乱了斯金克的升职。他几乎天天嘲笑斯金克的单身状态，甚至当面称呼她为"老姑娘"。

斯金克忍受了一年半不公平的待遇，最终积郁成疾，不得不辞去这份工作。从学校辞职后，斯金克一直寻不到合适的工作，最后只能在一所很小的私立学校担任女生宿舍的楼长。她没能看到自己的得意门生卡逊成为畅销书作家，1948年因癌症去世。

据说，斯金克小姐去世前曾被询问最想见谁，她回答只想见卡逊。得知这一消息后，卡逊立刻赶到病床前，在仅剩的一段时间里悉心照顾斯金克。

斯金克小姐的一生，勇敢无畏。

但在当时，女性因为想成为科学家而吃尽苦头的事情并非特例。像斯金克小姐这样，在男权社会的重重壁垒前撞得头破血流，导致身体或精神疾病的事例并不少见。这一切都源于根深蒂固的"科学不适合女性"的偏见以及由此产生的排斥女性的社会伦理。

这就是卡逊在考虑改变人生道路时所面对的世界。

最终还是要相信自己

如果放到现在,卡逊所面对的难题或许不会产生那么大的烦恼。因为现在不论是选文学还是选科学,都不意味着就要放弃另一个专业。在当今这个时代,有很多人既是科学家又是作家。

实际上,卡逊可算是这方面的一个先驱。不过这些都是后话了。在当时,人们很难想象文学和科学结合在一起的样子,甚至卡逊在文学上的恩师克罗夫小姐都认为文学与科学之间存在一道鸿沟。也就是说,卡逊如果选择其中一个,就必须放弃另一个。

卡逊彻底迷茫了。

一开始,她曾想出一个折中方案:将文学作为主修专业,而将生物学作为辅修专业。这个方案一度进行得比较顺利,但后来她发现无法集中精力写作了。她甚至会在论文的角落里写上"我已经不行了"这样的话。

顾此失彼在生活中是很常见的，有很多人想要面面俱到，却最终一事无成。此时的卡逊就处在这样的困境中。

那么到底该怎么办？

卡逊思来想去，决定坚持做那个"自豪地活着"的自己。当时她觉得，最重要的是"相信自己"，相信自己认准的道路。那么她认准的道路又是哪一条呢？

1928年1月，卡逊给朋友写了一封信，信中愉快地写道："向你报告一个情况。……我竟然要换专业了。你问我换成什么专业？当然是生物学！"

第三章

与大海结缘的人生

卡逊把人生目标从作家换成了生物学家。1929年,她从宾夕法尼亚女子学院毕业。当年秋天,她进入位于马里兰州巴尔的摩市的著名大学约翰·霍普金斯大学,攻读动物学硕士学位。

为了成为生物学家,首先要有一个硕士学位。

不过,这时卡逊家中遭遇了更大的问题。

卡逊家在为无法独立的哥哥和姐姐深深发愁。哥哥罗伯特二世再婚后带着妻子和女儿搬回了农场,而姐姐玛丽安在离婚后也带着两个女儿回到农场。哥哥和姐姐不仅婚姻失败,而且缺乏谋生能力。他们不顾父母的反对,结婚又离婚,最终走投无路,回到家里求父母收留。

卡逊一生未嫁的其中一个原因,据说就是目睹了哥哥和姐姐接连失败的婚姻生活。尤其是哥哥罗伯特二世,全家人本来希望他能够撑起这个家,他却置家人的期待于不顾,毫无家庭责任感,长期以来我行我素。

卡逊升入研究生院后,她们一家的"家庭事务"仍然没有解决。

不过,不能一直被这种事情绊住前进的脚步。

学费仍然是一个困扰卡逊的问题。不过,现在她每年能获得200美元的奖学金,正好能够抵消每年的学费。此外,她通过打工和家里的帮助勉强维持着研究生时期的生活。

约翰·霍普金斯大学的奖学金每年只会授予成绩最优秀的7个人,获得奖学金的女性更是少之又少。这从另一个侧面证明了卡逊的成绩有多么优秀，而对此，没有人会比母亲玛利亚更高兴了。玛利亚立刻找到当地报社，希望他们能够报道这一巨大的荣誉。第二天，卡逊的故事就登上了报纸。

读了这篇报道，母亲玛利亚更加喜出望外。

学校9月开学，那年夏天，卡逊大部分时间都在伍兹霍尔海洋生物学实验室度过。卡逊当时并未意识到，这段经历将对她的后半生产生重要影响。

这座实验室位于马萨诸塞州波士顿市以南100千米左右的伍兹霍尔。从地图上看，科德角就像一只曲起的手臂，胳膊肘伸入大西洋中；实验室就坐落在上臂的末端。在伍兹霍尔附近的海面，从南边北上的墨西哥湾暖流和从北边南下的拉布拉多寒流相遇，使得这里以鱼类及其他海洋生物的多样性而闻名。这里的海岸线类型也十分丰富，有沙滩，有退潮后的海滩，还有岩石裸露的地面。每一种环境中都栖息着多种多样的生物。

这里是海洋研究的天堂,许多科学家都注意到了这一点,在他们的推动下,1888年,海洋生物学实验室成立了。

卡逊作为实验室的初级研究员,在这里度过了6个星期的研究生活。为她牵线搭桥的是曾经在这里担任过研究员的斯金克小姐。斯金克曾建议卡逊有机会一定要去体验一下实验室的生活。卡逊表示愿意去试试,斯金克立刻向实验室推荐了卡逊,实验室批准了卡逊成为夏季短期初级研究员的请求。

像电流一样闪过脑海的预感

卡逊一来到实验室就迅速喜欢上了这里的

生活，她十分感谢斯金克小姐推荐她过来。最重要的是，这里是在当时少见的不会对男女区别对待的地方，充满了自由研究、自由表达看法的氛围；而且这里有众多优秀的研究人员，研究设备齐全。

在这里，随时都能获得丰富的研究材料，如果还不够的话，只需去一趟海边就能采集到。这里还有一个馆藏颇丰的图书馆，不仅收藏了全世界关于海洋的书籍，还拥有许多珍贵的研究成果和最新的科学杂志。卡逊格外喜欢这座图书馆，一头扎了进去，度过了许多时间。

卡逊还喜欢在海边散步。特别是退潮后，在水洼、岩石间发现螃蟹等小生物后，她常会饶有兴趣地观察，忘记时间的流逝。

实际上，卡逊在来到伍兹霍尔之前并没有见过大海。卡逊的家乡（宾夕法尼亚州的斯普林代尔）位于远离海洋的内陆地区。在她还是个孩子的时候，即便想看大海，也并不是那么容易就能看到的。卡逊对大海有一种莫名的喜爱，总是憧憬着能够看到大海。从小她就非常喜欢阅读有关大海的书籍，看到放在壁炉上的贝壳，就会开始想象大海的模样。

所以对卡逊来说，能够有 6 周时间生活在海边，天天眺望大海，这样的生活简直就像做梦一样，甚至有些让人感动。

在这 6 周的时间里，卡逊想必在某个时刻，曾回忆起自己与海洋之间的一段不可思议的联系。

那还是在卡逊为选择文学还是选择生物学而一筹莫展的时候。在一个冬天的晚上，窗外狂风大作，电闪雷鸣。卡逊一人在宿舍里阅读文学课要求读的诗歌——丁尼生的《洛克斯利宅》，其中描述了主人公站在人生的十字路口，试图摆脱烦恼、作出决定的场景。其中一句是这样写的：

"因为狂风已起，吹向大海，而我将出发。"

读到这里，某种预感就像电流一样闪过了她的脑海。她感到，"我未来的道路是和大海连在一起的"。虽然卡逊根本没有见过大海，但她强烈地意识到，"自己的命运和大海有关"。

或许，伍兹霍尔的大海勾起了卡逊这段不可思议的回忆。后来，卡逊被人们称为专门写海洋的"海洋传记作家"，她那不可思议的预感准确地变成了现实。当然，要是没有6周的初级研究员的经历，这一切可能都不会成真。从这个角度看，伍兹霍尔的经历打开了卡逊通往成功人生的大门。

不过，在通往海洋传记作家的路上，卡逊还要经历很多考验。

卡逊一家搬到巴尔的摩

结束了在伍兹霍尔海洋生物学实验室的宝贵经历后，卡逊回到巴尔的摩，开始研究生阶段的学习。

她本科就读的宾夕法尼亚女子学院虽然在当地是一所著名学校，但在全国范围内只不过是一所普通的地方大学，加之其理科教学水平并不高，导致卡逊进入研究生阶段后发现很难跟上进度。许多课上都有几十个男生，女生只有一两人。卡逊凭借着与生俱来的积极和坚韧克服了一个又一个难题。

而就在这时，原本住在斯普林代尔的一家人希望离开那里，搬到巴尔的摩和卡逊一起生活。

卡逊入学的1929年正是大萧条开始的年份。1929年10月，纽约证券交易所股价暴跌，美国经济迅速下滑,从而引起了世界性的大萧条。

在美国,地方经济尤其遭受到沉重打击。卡逊的故乡宾夕法尼亚州也不例外,像斯普林代尔这样的农村情况更是糟糕,正值壮年的男人们很难找到一份像样的工作,原本在附近电力公司打零工的父亲和哥哥就是这种情况。家里的农场也有相当一部分被抵押出去以支付卡逊读书的学费,而且在这种经济环境下,就算想卖掉农场也很难找到买家。

无论如何,如果一直待在斯普林代尔,一家人的生活眼看就没有着落了。相较于斯普林代尔,巴尔的摩毕竟是大城市,情况会稍微好一些。只要不是太挑剔,基本都能找到工作。全家人齐心协力的话,生活的前景起码会比待在斯普林代尔要好一些。而且比起两地分居,一家人住在一起总是要更加划算一些。

于是在卡逊进入研究生院没多久,1930年春天,卡逊一家搬到了巴尔的摩。一起搬来的有卡逊的父母、姐姐玛丽安、姐姐的两个女儿,以及一度离家后又回到家中的哥哥罗伯特二世。

随着一家人的到来,卡逊肩上的担子也变得越来越重。虽然父亲、哥哥和姐姐都找到了工作,但不是小时工就是临时工,收入非常不稳定,而且也无法在同一个单位长久工作。加之父亲和姐姐本来身体就不好,不论做什么工作都没有办法特别拼命,而哥哥还是那么以自我为中心。面对这样的境况,尽管卡逊还是一名研究生,但不论她是否愿意,都必须更加努力。

卡逊去年在伍兹霍尔度过了一个美好的夏天,今年如果申请的话,她还能有机会去那里进行研究。但为了家人,卡逊决定在约翰·霍普金斯大学为本科生设置的暑期学校中担任生物学讲师。到了秋季,她又来到大学的医学院研究所担任助教,赚取一些勤工助学的补助。

卡逊一方面在学校继续着学业,另一方面一有时间,就去担任讲师或助教。渐渐地,卡逊在学校中获得的收入成了家里一项重要的经济来源。

医学院研究所的工作合同到期后,卡逊又在稍远一些的马里兰大学的药剂系找到了一份助教的工作。

卡逊喜欢讲师和助教的工作,因为这样可以接触到所在专业的学生;但这样的双重生活总会来到一个临界点。卡逊不得不面对的是,打工的时间不知不觉挤占了她用于攻读学位和做实验的时间。获得硕士学位需要撰写硕士论文,但随着写作时间一推再推,原本定于1931年毕业的计划也变得难以实现了。

当时卡逊在写给朋友的信中显得非常焦虑，她告诉朋友自己可能无法按计划拿到硕士学位，而这都是因为"一个叫作贫穷的魔鬼"。她从来没有这样消沉过。

放弃博士学位吧

比预定计划晚了一年，卡逊于1932年4月完成了她的硕士论文《钳鱼在受精卵及幼鱼期前肾的发育》，并凭借这篇论文拿到了硕士学位。

卡逊终于完成了一个心愿。但这并不是终点，她还希望更上一层楼，获得博士学位。

但她所处的环境变得越来越严峻。大萧条的威力终于还是波及了巴尔的摩周边，卡逊一家的生活变得更加困难。哥哥罗伯特二世搬出去自己住了；父亲的健康状况不好，时常不能工作；姐姐玛丽安也由于严重的糖尿病而逐渐无法工作。四个成年人和两个孩子生活在同一屋檐下，能够正常工作的只有卡逊一人。

在这种情况下，关心家人的卡逊肯定无法说出"我还要继续读博士"这样的话。一个人的梦想不论多大，前提都是要填饱肚子。摆在卡逊面前的无疑就是这样残酷的现实。1934年，卡逊放弃了攻读博士学位。

此时，卡逊仍然继续在马里兰大学为学生讲授生物学。不过，要想养活一家六口人，这点收入是远远不够的，她必须找到一份工资更高、条件更好的工作。

卡逊希望能像斯金克小姐一样，在四年制大学中找到一份教授生物学课程的工作。

写好简历后，卡逊把简历连同多位教授的推荐信，一同提交给了约翰·霍普金斯大学的就业中心。然而几个月过去了,她没有收到一封回信。

卡逊之后从就业中心了解到,在那段时间里只有一家教育机构对她的简历表示过兴趣。然而,他们把简历寄过去后就再也没有收到回复。

大萧条的影响给卡逊带来了切肤之痛。

当时没有找到教职的不止卡逊一人。从1934年到1935年,卡逊希望从事的工作在巴尔的摩一带几乎是不存在的。

在这种情况下,突然有一天,父亲罗伯特71岁的人生走到了终点。

父亲离世,姐姐离世

1935年7月初,在一个晴朗的早晨,罗伯特突然倒在院子里，就这样与世长辞了。

当时卡逊 28 岁。

父亲的遗体需要送回宾夕法尼亚州的老家下葬，但卡逊一家甚至掏不出回乡安葬的钱。卡逊一生都没有否定过父亲的事业，她甚至为了让父亲看起来更伟大作出了种种努力。

还不到两年，1937 年 1 月，年仅 40 岁的姐姐玛丽安也去世了。

玛丽安留下了两个女儿，大女儿弗吉尼娅 12 岁，小女儿玛乔丽 11 岁，都是无法离开大人的年纪。然而，玛丽安的前夫并不想照料这两个孩子，孩子的舅舅罗伯特二世也表示"孩子和我没关系"。最后这两个孩子不得不由卡逊来照顾。

没有时间想那么多，卡逊只能行动起来。作为四口之家的支柱，卡逊开始了新的生活。

当时母亲玛利亚快 70 岁了，但她仍然想帮助自己的小女儿。她坚定地对卡逊说:"我来作为母亲抚养她们。"

对于卡逊来说,她 28 岁和 29 岁这两年是异常悲伤的。作为一个虔诚的基督徒,她可能在想,"这是上天对我的考验吧"。

在家庭接二连三遭遇不幸之后,卡逊的人生终于看到了希望的曙光。

豁出去赌一把

这次又是斯金克小姐帮助了卡逊。

那是在卡逊父亲罗伯特去世两三个月后。斯金克当时是华盛顿农业部的一名研究员。

为了全家的生计,卡逊觉得自己必须找到一份稳定的工作。于是她找到斯金克小姐,询问是否有好去处。

斯金克非常同情卡逊的处境，但她周围也没有立刻能够推荐给卡逊的好工作。于是她建议卡逊去拜访美国渔业局的埃尔默·希金斯。

斯金克在伍兹霍尔海洋生物学实验室工作时与希金斯相识，他是一个亲切、有文化且公正的人。斯金克觉得希金斯现在是科研处的主任，身处要职，也许能够帮到卡逊。

希金斯很爽快地答应与卡逊见面。然而，当时整个社会境况不佳，他也没有什么工作能够介绍给卡逊。经济不景气导致的就业困难仍然是一个很严重的问题。

不过，希金斯想到了一件事。虽然算不上是一份工作，但对他而言是一件挺麻烦的事情，那就是撰写广播节目的脚本。当时渔业局有一档7分钟的广播节目，每期节目都会从不同角度向普通听众介绍海洋和鱼类，但没有人能写好这个节目的脚本。

如果让专家来写，内容就会过于专业而缺乏趣味性；如果让专业的广播作家来写，内容就会非常浅显，缺乏知识性。所以每次只能由希金斯自己硬着头皮来写，但他的其他工作又堆积如山，撰写脚本对他来说就成了一个很大的负担。于是希金斯问卡逊"是否想试试"这份工作。

听到这些，卡逊心中小小地兴奋了一下。不论是科研还是写作关于生物的内容，都是卡逊非常喜欢且擅长的工作。

"请一定让我来做。"卡逊立刻给出了答复。

听到卡逊的回答，希金斯说："虽然你写的文章我一个字都没有读过，但我就把赌注下在你身上了。"

从这一瞬间开始，卡逊的命运发生了重大改变。

从临时工变成正式工

每周一期的节目大受好评,希金斯也被卡逊的脚本所吸引。

这份撰写脚本的工作持续了将近一年。在这一年间,希金斯注意到了卡逊出众的写作才能,觉得对渔业局而言,仅仅让卡逊写写脚本未免太可惜了。于是希金斯让卡逊为渔业局将要发行的宣传册写一些文章。一段时间后,卡逊写了一篇题为《水世界》的文章,交给了希金斯。

出人意料的是,希金斯读完文章后说:"这篇文章不行。"他嘴上这么说,脸上却是微笑着的。看到卡逊稍稍有些失望,希金斯接着说:"这篇文章不适合放在宣传册上,你再加工一下,然后交给《大西洋月刊》吧。"希金斯觉得,卡逊的文章刊载在宣传册上太可惜了,因而建议她修改一下，把文章投给《大西洋月刊》这本杂志。

从这一刻开始，卡逊的人生道路变得更加广阔了。

其实，在宾夕法尼亚女子学院决定成为生物学家后，卡逊一直以为"成为作家"的梦想已经彻底破灭了，写作这项技能也被束之高阁了。

但为了满足希金斯的要求，卡逊又写了很多文章。她意识到，自己认为的"破灭"只是自己强迫自己这样想的，实际上什么梦想都没有破灭。写文章真的很有趣，会让自己着迷。比起其他事情，写文章更能够让自己感到充实。卡逊在少女时期所想的"希望写更多更多文章"的想法复苏了。

希金斯给了卡逊许多机会，从这个角度来看，他确实是卡逊人生中一位不可或缺的贵人。

但他最大的功劳,还是唤醒了一直沉睡在卡逊体内"我想写"的冲动。

卡逊在渔业局内还写了很多文章,有些还被刊载在了杂志上。对她文章的好评与日俱增,卡逊也逐渐在渔业局内占据了一个非常特殊的位置。简而言之,渔业局已经"离不开"她了。

的确,像卡逊这样有着丰富的海洋生物知识,同时写作的水平也不输职业作家的人才太少见了。希金斯以及其他同事都建议将卡逊从临时工转为正式工。

对卡逊来说,稳定的收入是当务之急,所以在渔业局有一份正式工作也不是什么坏事。卡逊参加了初级水生生物学家的公务员考试,虽然是唯一一位女性,但她凭借优异的成绩通过了考试。

1936年夏天,经希金斯推荐,卡逊成了渔业局的正式员工,开始了她正式的科学家生涯。

虽说变成了正式员工，卡逊的工作内容没有太大变化，还是研究海洋和鱼类，为渔业局发行的宣传册撰写文章。她每天都过得十分充实，研究生物和自然，去现场进行田野调查，然后把调查结果写成文章，每一件都是卡逊从很小就非常喜欢的事情。

回头看看，卡逊在上大学时曾为成为生物学家还是作家而烦恼，当时她并没有想到两者能够结合起来。她一直觉得两者之间有着巨大的鸿沟，因而鱼和熊掌不可兼得。

不过，种子早已在她身上种下，生物学家和作家之间的鸿沟正在一点一点地被填平。

《海面下》

虽说在渔业局得到了一份正式工作，全家

的生活也不会立刻出现起色。几个月后姐姐玛丽安去世,养育两个外甥女的担子也落在了卡逊肩上。

卡逊还需要增加一些收入。她想到了之前写的《水世界》。自从希金斯告诉她这篇文章不应该刊登在宣传册上后,她就一直想找时间修改文章。然而,繁忙的工作和各种其他事情让她一直没有时间坐下来修改。卡逊想将修改好的文章投给希金斯推荐的杂志——《大西洋月刊》。

没过多久,卡逊将改好的初稿寄给了《大西洋月刊》。这篇文章写的是海洋中的生物和发生在海洋中的事情,就像是从海洋中发回的报道一般,简洁且通俗易懂。《大西洋月刊》的负责人读后大吃一惊。他从来没有读过如此优美又有格调,而且蕴含着丰富海洋知识的作品。他立刻给卡逊写了一封信,信中说:"我非常佩服您写的《水世界》，请允许我们刊载您的文章。"

读到这里，卡逊差点高兴得跳了起来。不仅仅是因为自己的文章被大名鼎鼎的《大西洋月刊》刊载，也是因为钱的问题不必担心了。

不久后，卡逊的文章《海面下》(*Undersea*)刊载在了《大西洋月刊》上，共4页。

后来成为畅销书作家后，卡逊这样回忆这段时光："一切都是从《大西洋月刊》的那4页开始的，其他事情都是在那之后发生的。"

卡逊收到了100美元的稿费，相当于她半个月的工资。

作家登场

就像卡逊自己所言，刊载在《大西洋月刊》

上的 4 页散文《海面下》为她打开了幸运的大门。

许多人在读到这篇文章后都深受震撼,这其中就包括出版界的大人物昆西·豪。

豪是西蒙与舒斯特出版公司的总编。在读了《海面下》后,他注意到卡逊不寻常的才能,便立刻联系了卡逊,询问她是否愿意在自己这里出版一本同名的图书。

当时,《海面下》还给另一个人留下了深刻印象,他就是亨德里克·威廉·房龙,一位畅销书作家。他和豪是老朋友,所以建议豪一定要出版卡逊写的书。

卡逊所写的 4 页散文让两位大人物认为"一定要让这个作者写一本书",可见卡逊写作功力之深。

当然,面对这样的建议,卡逊没有理由拒绝。

1938年,卡逊按照他们的建议,以《海面下》为基础进行扩充,开始写作一本关于海洋生物的图书。

卡逊在写书之前,首先针对题目进行了彻底调研,然后在调研结果的基础上进行创作。在调研中,她不仅要阅读大量文献资料,有时还要回到伍兹霍尔海洋生物学实验室进行田野调查。

就像高中毕业纪念册上所写的那样,即便过了30岁,卡逊依然"绝不停止她的学习,直到弄懂弄对"。

不过,由于白天还有渔业局的工作,所以文献调研或田野调查只能在休息日、晚上或回家以后进行。这是一项需要充沛体力和坚强意志的工作。下班回家后查询资料、整宿整宿地熬夜写书成了常有的事。

就这样花费了3年多的时间,卡逊终于完

成了处女作《海风下》,并在 1941 年 11 月出版。

然而,这部处女作只卖出了 1600 多册。

第四章

《环绕我们的海洋》

处女作《海风下》讲述的是海洋生物的故事。全书分为三部分,分别有三趾鹬、鲭鱼和鳗鱼三位主人公。三位主人公的生活区域不断深入海洋,从海边到海中,最后到海底。卡逊描绘了每位主人公所生活的世界以及它们在海洋中为生存而付出的努力。

卡逊认为自然处在一个壮丽的循环当中。

即便虾米被小鱼吃掉,小鱼也可能成为大鱼的盘中餐。通过这样的循环,最后诸如鲨鱼那样的庞然大物在死后被冲上沙滩,而吃掉鲨鱼尸体的正是其他动物的盘中餐——海边的小虫子,于是一个新的循环再次建立起来。

卡逊曾说过,从很久以前开始,自然就像

这样不停地循环着。

在自然界的循环中,不管多么不起眼的生物都承担着一份职责。换句话说,自然是由包括人类在内的许多生命网络构成的。

卡逊以自己的自然观写出了《海风下》这部非虚构类作品。整本书不仅简明易懂,而且文辞优美,是一本人见人爱的科学读本。

许多读者都会首先感到惊喜,然后是深深折服。

一本科学专门杂志对这本书的评价是:"书中有诗情画意,但没有做作的感情。"

《纽约时报》和《纽约客》等一流报刊的书评也对这本书大加赞扬。此外,许多生物学和海洋学专家也纷纷竖起了大拇指。

尽管受到很多褒奖,卖出去的书却少得可怜。

卡逊在后来回忆这件事时,不无讽刺地说:

"全世界出色地无视了这件事。"

卡逊的处女作为何卖不出去呢?

理由是,生不逢时。

日本时间的1941年12月8日,日军偷袭珍珠港,美日两国正式开战。欧洲大陆早已硝烟弥漫,而美国和日本之间从很早以前就充斥着火药味。因此,卡逊的处女作出版的时候,大多数美国人的注意力都集中在欧洲战场的走向和美日是否会开战的事情上。虽然卡逊的作品非常出色,但当时的确没人有闲心欣赏这部作品。

随着战争的深入,人们忘记了这本书的存在,以至于它最终绝版。卡逊买下了所有没有卖完的书,把这些书当作礼物送给亲朋好友。

卡逊的处女作以商业上的彻底失败而告终。

了解大海的一切

卡逊的工作单位也受到了战争的影响。渔业局被合并到鱼类及野生动植物管理局,隶属于美国内政部。

卡逊的工作内容也带上了一丝战争的味道。从1942年到1943年,她担任鱼类及野生动植物管理局发行的两本宣传册的负责人。宣传册介绍的是美国的河流和海洋中有哪些一般不作为食物食用但实际上可以吃的生物。由于战时很容易出现粮食短缺的情况,所以这些宣传册详细介绍了一旦难以获取鳕鱼等常用食用鱼,人们可以用哪些鱼来替代。虽然是政府部门发行的宣传册,但语言毫不晦涩,简明易懂,就像故事书一样,所以大受好评。卡逊在这一时期还写了其他几本宣传册。

为了赚一些外快,她也给一般的杂志社

写稿。其中一篇题为《它发明了雷达——在六千万年前！》，写的是蝙蝠为何能够在黑暗中穿梭于树木等障碍物之间。文章不仅被某知名杂志社录用，还被战时负责情报收集的情报机关买走，作为雷达技术人员的必读文献被分发到世界各地。

卡逊此时的工作，也促成了她写出日后的畅销书——《环绕我们的海洋》。卡逊所在的部门在战时汇集了很多关于海洋的信息，比如全世界的海洋中都有哪些岛屿，洋流以什么规律在哪里如何流动，还有在哪片海域生活着哪些生物以及那片海域的海底地形是什么样的，等等。如果想在和平时期收集到如此庞杂的信息，可能需要花上几年，甚至十年或更长时间。但由于战时的特殊情况，大量关于海洋的文献和信息才会在极短时间内被收集起来。卡逊的工作让她能够接触到所有这些信息。她本来就对与海洋相关的信息来者不拒，现在这种机会对她来说正是求之不得的。她如饥似渴地阅读了那些文献和报告，将大量有关海洋的信息全部装进了自己的脑子里。

田野调查

1945 年，日本无条件投降，战争结束。卡逊也从撰写政府发行的《应对战时粮食困难》宣传册的工作中解放了出来。

在家庭生活方面，两名外甥女都已经从学校毕业，进入社会开始工作。母亲虽然年事已高，但身体硬朗，能够自理。卡逊也得以稍稍喘口气，周末偶尔还能和朋友外出兜兜风。

这段时间可能是卡逊最能安宁享受生活的时期了。然而，这样的生活也没能维持多久。

1946年秋天,卡逊开始推动《自然保护在行动》(Conservation in Action)丛书的公开出版。为了保护美国的动植物,美国政府在国内各地设置了国家野生动物保护区。这套丛书旨在介绍这些保护区,并向公众传播自然之美以及保护自然的重要性。卡逊一直想撰写的并不是政府宣传用的出版物,而是面向普罗大众的真正有关自然的图书,所以这份工作对她来说比此前的工作都更有意义,并且写书的准备工作绝大多数是卡逊非常喜欢的田野调查。

卡逊感到自己终于在鱼类及野生动植物管理局找到了一份想做的工作。

在该丛书的一本书中,卡逊这样写道:

> 野生动物、水、森林、草地——所有这些是人类不可或缺的环境的一部分;不可能只保护和有效利用其中的一部分,除

非其他部分也得到保护。

也就是说,保护自然不能只保护一部分,而必须保护自然整体。卡逊认为,自然是生命交织而成的网络。这一观点在上面这段文字中表露无遗。

从 1946 年秋天到 1947 年冬天,卡逊全身心投入到这份工作当中。其中最花费时间的就是去美国各地旅行。她去了位于迁徙路线上的候鸟保护区、鲑鱼的产卵地、濒危鸟类的保护区等。有时候一次旅行会耗费一个月或甚至更长时间。

卡逊就这样以自己的调研结果为基础完成了一本又一本图书,每一本都获得了极高赞誉。虽然随着时间的推移,丛书中有些书的信息不再是最新的,但这些书还是作为自然文学的典范流传至今。

在完成这份工作之外，调查旅行对卡逊也具有重要意义。她在旅行中接触到了更多关于自然和生物的鲜活知识，可以说，使她原有的知识结构变得更加立体丰满。也就是说，通过实际观察和接触，原来通过阅读获得的知识在她的脑海中变成了活生生的具有现实感的知识。

通过这段时间的旅行，卡逊加深了对于自然界和生物的认识。这次田野调查的经历促使卡逊蜕变成为一位"真正的"生物学家和博物学家。

可以一直这样下去吗？

自从接手《自然保护在行动》这套丛书后，卡逊每天的生活都十分充实。然而，工作越充实，就越会产生"可以一直这样下去吗？"的疑问。

现在卡逊已经顺利升职,有了几名手下,工资虽然不是那么多,但生活已经安定了下来。

然而,卡逊并不满足于现状。说得更准确些,她非常焦虑,总觉得应该做些什么。因为她的人生目标并不是做一个生活充实的公务员,也不是依靠升职加薪让生活富裕起来。

在渔业局时,通过与希金斯一同工作,卡逊重新体会到了写作的乐趣和益处。从那以后,她的心中就一直有一个持续写作的心愿。

在处女作《海风下》惨淡收场后,她一度害怕写书。不过在她的心底,"再写一本"的火焰并没有完全熄灭。

这种想法和在公务员生活中感受到的充实是相互矛盾的。

在那个时候,卡逊曾在写给一位学者的信中将自己描述为:

一位实际工作是写作而非生物学，只是其浓厚兴趣碰巧是海洋和生物的海洋生物学家。

短短一段文字写出了卡逊内心的焦躁，也让我们看到了她内心有时不想再过这种人生的呐喊。

然而即便如此，现实情况也不允许她立刻放弃公务员的工作，全身心投入到写作事业中去。

思来想去，卡逊决定先尝试自己擅长的事情：她在工作的间隙，在图书馆和野生动植物管理局的资料室收集资料，准备写作新书。

她以前就有一个构想，她在战时接触到的大量资料和信息给了她灵感：这次她要写一本关于海洋的书。

新作品

1948年，卡逊41岁。在当年5月，卡逊经历了一场对她的人生影响深远的会面。和她见面的女性比她小5岁，名叫玛丽·罗德尔。

这是一位头脑聪慧的行动派，时尚达人，且离过婚，在很多方面都与卡逊形成鲜明对比。然而，两人第一次见面就相见恨晚。

罗德尔感受到了卡逊身上透露出来的作家潜能，而卡逊也十分信赖她，而且并不反感她的行动力和才干，反而非常喜欢这些特点。此外，她相信两人如果合作的话，一定能够作出成绩。

罗德尔是一位文学代理人。当作家打算出书时，代理人将会为作家做很多事务性的工作，比如同出版商交涉。不过，罗德尔刚成为代理人不久，还没有一位客户。

不过即便如此，卡逊经朋友介绍同罗德尔见面后，立刻决定成为她的第一位客户。卡逊很快就开诚布公："我现在正在写一本新书，叫作《回归大海》。"不仅如此，卡逊还向罗德尔展示了全书的大纲。

看到这些，罗德尔立即表示："这一定会是一部优秀的作品。"

1948年对卡逊来说也是悲伤的一年。

曾经在卡逊的人生中屡屡发挥重要作用的斯金克小姐在这一年去世了，享年57岁。斯金克虽然承受了男权社会的种种歧视和偏见，但仍然一以贯之地依靠自己的力量，将独立进行科学研究作为自己的人生目标。虽然她的一生伤痕累累，付出了巨大的牺牲，但她向世人证明了女性也能够成为一位优秀的科学家。

然而对她来说，男权社会的阻碍终究太多了，在同这些阻碍进行战斗的同时，她的健康也遭到了损害。她去世前的最后一份工作是小学女生宿舍的楼长,与她的生物学博士头衔极其不相称。

从这个意义上看,斯金克小姐的人生难称幸福。

但通过与卡逊这样优秀的学生相识,她也确实将自己的理想传递了下去。

她们的理想从斯金克小姐传给卡逊,卡逊又将传给某人。通过这种传承,即便每次只能向前一小步,理想也离现实更近了一步。留下希望的火种,这可能也是斯金克小姐的人生目标吧。

当然,看到自己十分尊敬的老师在人生道路上失意,然后抱憾去世,还是对卡逊造成了很大打击。

卡逊向已经成为合作伙伴的罗德尔袒露了心迹:"我的心碎了一地。"

不过,她也没有忘记告诉罗德尔:"但我现在有一份无论如何都要完成的工作。"

仿佛是为了忘记斯金克小姐去世带来的悲伤,卡逊全身心地投入到了新作品的写作当中。

畅销的理由

卡逊的新作一开始定名为《回归大海》,最终改名为《环绕我们的海洋》,并于1951年7月出版。

这本书从海洋在地球上出现讲起,涉及海洋的历史、海洋生物、海洋的机制、海洋和人类的关系等,涵盖了卡逊所掌握的所有海洋知识以及她对于海洋的看法。

不过,以"海洋"为书名稍显平淡,再加上被归入科学类,或许会让人觉得这本书有点不接地气，难免会对这本书的销量产生怀疑。

但实际上，这本书在发售之前就已经在美国国内好评如潮，实际发售之后，销量更是一飞冲天。发售 3 周后，这本书就蹿上了畅销书榜的前列，连续 86 周在榜，其中 32 周更是排在榜首。当年圣诞节期间，平均每天卖出 4000 册。

出版商一开始没有料到销售状况会如此火爆，以至于首印量太少，很快就卖光了。

对该书的好评也传到了国外，有 32 个国家翻译和出版了这本书。1952 年，当时日本还没能从战争的废墟中重建，这本书的日语版在美国原版发售一年后就在日本上市了。

这本书成功的理由有以下几点：

首先，在第二次世界大战结束后，全世界迎来了"科学时代"。每个人都十分关心自然界中的未知现象和谜团，神秘的海洋尤其唤起了无数人的好奇心。而且许多美国人认为，之所以美国本土基本没有在战争中受到损害，正是因为大海的环绕，所以美国上下都希望更加了解海洋。

在卡逊的《环绕我们的海洋》出版之前，美国有关海洋题材的图书最著名的是《孤筏重洋》，讲述的是几位主人公乘坐木筏从南美的秘鲁横渡重洋，抵达南太平洋土阿莫土群岛的故事。此外，几本有关海洋的非虚构类图书也是榜上有名。

当时的美国有这样一种氛围：只要是关于海洋的书，只要书的内容优质，这本书就能够被大家接受。

其次，卡逊的代理人罗德尔在其中也发挥了超出预期的作用。

罗德尔不仅会给予卡逊正确的评价，有时还会要求卡逊修改，可谓是一位非常出色的编辑。此外，她使出浑身解数说服出版商决定出版《环绕我们的海洋》，并代表卡逊同出版商交涉各种关于出版的问题。

罗德尔也非常懂得前期宣传。在这本书出版之前，为了获得更多书评，她将这本书的主要内容寄给了所有能想到的一流杂志社，希望它们能够刊载。对此作出回应的是当时美国最顶尖的文艺杂志《纽约客》。

客观来看，当时卡逊不论是作为公务员还是作为学者都没有太出众的成绩，作为一位作家也几乎没有像样的作品。然而，卡逊的文章却给《纽约客》的主编威廉·肖恩留下了深刻印象。肖恩是曾把多位作家捧红的"慧眼伯乐"，也是一位传奇编辑。他强烈要求杂志社刊登卡逊的作品。于是在图书出版之前，《环绕我们的海洋》的选摘内容就分3次刊登在了《纽约客》上。

所谓"英雄识英雄",毫无名气的卡逊遇到了"英雄不问出处"的肖恩,结果成就了一段佳话。

这 3 期连载产生了巨大效果。《纽约客》杂志社的编辑部收到了大量读者来信,数不胜数。而这又引出了更多好评。

百年一遇的奇才

即便有这么多外在因素,《环绕我们的海洋》大卖的根本原因还是作品本身质量极高。

发售没多久,《纽约时报》刊登了一篇书评,文章认为,"文学素养极高的科学家可能一百年都难遇一人",而这个人就是卡逊,《环绕我们的海洋》这本书处处都展现出卡逊出众的才能。

虽然这是一本关于海洋的非虚构类图书,但读者在阅读时,跟随着卡逊的文字解决了一个又一个海洋的谜题,仿佛是在阅读一本优质的推理小说,让人十分兴奋。

丰富的表达和巧妙的叙述正是本书最大的魅力。就像《纽约客》的慧眼主编威廉·肖恩预想的那样,这本书是"天才"之作。

而且卡逊并没有因为自己优秀的天赋而骄傲自满,她向来都是在进行了大量调研之后才开始动笔写作。

在《环绕我们的海洋》出版的两年前,卡逊听从了一位海洋学家朋友的建议("*既然是写大海的书籍,那就一定要亲自看一看海里的景象*"),在佛罗里达海岸学习了潜水。在潜水还不是非常普及的年代,卡逊身着像老旧的宇航服一样的笨重潜水服深入海中进行调查。

同年,卡逊乘坐鱼类及野生动植物管理局

所有的"信天翁三号"研究船，在距波士顿以东 300 多千米的远洋进行了为期 10 天的调查。

作为生物学家和鱼类及野生动植物管理局的工作人员，卡逊获得了很多知识，在战时也接触到了许多绝密资料。然而，她并不满足。为了获取更多知识，她多次进行实地考察，并且她通过实地考察所获得的知识量也让不少专家感到惊讶。

一位著名的海洋学家曾这样向卡逊表达了自己的惊讶："在我同大海打交道的 50 年里，许多我不知道的事实都写在了这本书里。"

因此，这本畅销书的诞生依靠的并不仅仅是卡逊天才般的才能。

旺盛的好奇心让她想了解所有与海洋有关的事实，而为了满足好奇心，她进行了多次深入调研，正是这样的勤奋才造就了经久不衰的作品。

写书的是个男人

《环绕我们的海洋》赢得了大量好评并成了畅销书。然而即便如此,也并不是所有人都是心怀好意的。

尤其一部分科学家和科学记者的批评更是十分辛辣。他们认为,这本书虽为科学读物,但表达太过情绪化。比如,某篇书评文章写道:"一开始虽然很感动,读到最后却感觉是在念咒语。"此外,卡逊文章的特点就是简洁易懂,而在这些批评者眼中,"科学是特别的",卡逊这样的文风有损科学的威严。尽管该书获得了众多读者的称赞,但也有科学评论家认为这本书"让人昏昏欲睡"。

然而,所有这些评论都是基于某种偏见产生的。

一个不争的事实是,当时美国有许多读者

怀疑，写出《环绕我们的海洋》的蕾切尔·卡逊"其实是个男人"。关于这一点，卡逊曾这样说过：

> 人们常常看上去惊讶于一个女人能够写出一本关于大海的书。我发现，这对男人来说尤其如此。或许他们长久以来习惯于认为那些更令人兴奋的科学领域是男性的专属。事实上，几天前我的一位通信者就在信的开头称呼我为"尊敬的先生"，并解释说，尽管他完全清楚我是个女人，他只是无法让自己承认这一事实。

"科学不适合女性"这一偏见就这样深深扎根于当时的美国。

而且这一偏见并不仅仅停留在蔑视女性的层面。可以说，卡逊相当清楚这件事。

"科学不适合女性"这一男性的偏见不仅来自于男性占主导地位的傲慢,同时也来自于那个时代的科学家所持的"科学是特别的"这一狭隘的精英意识。

正因为如此,尽管卡逊简洁易懂的文风十分新颖且适合科普作品,那些无法摆脱精英意识的科学家还是很难接受这种简明的写作风格。

此外,被认为"不适合科学"的女性,尤其是原本毫无名气的女性突然一鸣惊人,赢得众人瞩目,更令他们难以接受。因此,卡逊的作品招来了像"让人昏昏欲睡"这样与书的内容毫不沾边的评价。

《环绕我们的海洋》在美国大卖,被众多美国读者阅读,获得了大量支持;与此形成强烈对比的是顽固的偏见和狭隘的精英意识。

由于《环绕我们的海洋》大获成功,卡逊收获了多个文学奖和科学奖。1952年1月,卡

逊赢得了美国出版界的最高奖项——美国国家图书奖。在获奖演说中,她这样说道:

> 许多人都不无惊讶地提到这样一个事实,即一本科学读物竟然能够如此畅销。但这样一种认为"科学"是某种脱离日常生活东西的概念,正是我试图挑战的。我们生活在一个科学时代,但我们又假设,知识只是那些在实验室内与世隔绝、好似祭司的少数人类的特权。这是不对的。科学的原材料也是生活本身的原材料,科学是生活的一部分。

保守科学家将科学视为"少数人类的特权",而卡逊给予了他们重重一击。

海洋传记作家

1952年,除了美国国家图书奖,卡逊还被多个文学团体和自然科学团体授予了许多奖项;母校宾夕法尼亚女子学院也授予了她名誉博士学位。美国报业协会推举卡逊为"年度女性",《环绕我们的海洋》也被拍成了纪录片。

卡逊一下子成了"时代人物"。作为一名出色的代理人,罗德尔看准了这是一个绝佳的机会,可以将曾经惨淡收场的卡逊处女作《海风下》重新出版。

不出罗德尔所料,当年4月重新出版的《海风下》立刻就登上了畅销书榜,与销售势头依然强劲的《环绕我们的海洋》一道榜上有名。一份榜单里有两本同一个作者的书,这在当时也成为出版界的一个奇迹。

以前,卡逊只能在鱼类及野生动植物管理

局工作的空隙专心写作。而现在，畅销书给她带来了丰厚的版税，也让她的生活衣食无忧。于是在1952年6月，卡逊辞去了管理局的工作。

第二年，卡逊在缅因州的绍斯波特买了一块地，建起了一栋梦寐以求的别墅，她经常在休假的时候住在这里。这栋别墅周围的自然环境极佳，面向一片礁石林立的海岸，背靠一片茂密的森林。

卡逊在这里完成了第三部作品《海洋的边缘》。

至于创作《海洋的边缘》的缘由，还有这样一个小故事。

有一次，某家出版商的编辑邀请几位文学家到其位于科德角的家中做客，然后所有人一同在附近的海边散步。这些文学家看到海边有很多鲨，想到肯定是前一晚的暴风雨将它们吹到了沙滩上，于是他们将鲎一一送回了海里。

然而，鲎是为了产卵才特意聚集在这片沙滩上的，而浑然不知的文学家却将它们都送回了海里。

这位编辑的上司听到这个故事，觉得为了不再发生这样的事件，需要出版一本以普通读者为对象的讲述海边生物的图书。他找到了偶然结识的卡逊，希望她能写作这样一本书。

那时，卡逊还在鱼类及野生动植物管理局上班，《环绕我们的海洋》也进入了最后的撰写阶段。

1955年10月，《海洋的边缘》问世。

从出版商找上卡逊到《海洋的边缘》出版，共花费了5年时间。《环绕我们的海洋》的成功让卡逊的生活发生了天翻地覆的变化，而且每次随着调研深入，"调研狂人"卡逊总有更多想探究的内容，而这每次都会打断正常的写作过程。

在这本书出版前，卡逊认为相较于前两本，这本书的背景是"海边"这一聚焦空间，因而可能不会如前两本那样畅销。

然而，发售还不到 1 个月，这本书也登上了畅销书榜的前列，并且连续 20 多周在榜。这一次，她的作品再次获得了众多读者的喜爱。

随着《海洋的边缘》的出版，《海风下》《环绕我们的海洋》和《海洋的边缘》构成了海洋三部曲。这三部作品都成了畅销书，也让蕾切尔·卡逊成了海洋写作方面不可撼动的"巨人"。

回想当年，在为成为生物学家还是作家而烦恼时，她曾把科学和文学视为无法融合的水和油；而现在，这两者在卡逊的世界中水乳交融，成为一体。

这是拥有"一百年都难遇一人"的卡逊才能做到的事情。

渐渐地，卡逊被大家称为"海洋传记作家"。

第五章

走向《寂静的春天》

《海洋的边缘》出版后，1955年和1956年的日子相对比较平静。

卡逊一边应对着蜂拥而至的演讲请求和文稿撰写工作，一边开始准备第4部作品。

这段时间里，卡逊想写一本关于人类起源等内容的图书，而且已经进入了收集资料、同出版商交涉的阶段。

但平静的生活很快离她而去，1957年和1958年接连发生了几件悲伤的事情。

第一件是外甥女玛乔丽的去世。

姐姐玛丽安留下的两个女儿中，姐姐弗吉尼娅那时已经结婚，组建了自己的家庭；而妹妹玛乔丽在插足别人的婚姻后生下了一个孩子，与对方分手后,她带着孩子住在了卡逊家中。

玛乔丽在新年伊始就因肺炎而住院治疗,半个月后病情突然恶化,最终不治身亡,去世时只有 31 岁。

卡逊一直将这位外甥女当作自己的亲生女儿来疼爱,因此她受到了巨大打击。

玛乔丽去世后,卡逊收养了她的孩子,年仅 5 岁的罗杰。50 岁时,卡逊成了一位母亲。

卡逊不确定身体不好的自己还能活几年,现在上有老母,下有稚子,她必须为他们做些什么。一想到这些,她就十分不安。

卡逊借着这个机会,在华盛顿郊外的银泉新建了一处住宅,同母亲玛利亚和养子罗杰开始了新生活。然而,还不到两年,母亲玛利亚就因为中风而卧床不起,最后在 89 岁时离开了卡逊。

玛利亚不论在台前还是幕后都支持着卡逊,

并将这视为她人生最大的意义。

卡逊在宾夕法尼亚女子学院读书时，玛利亚就一直期待着在学校和女儿一起度过周末。在卡逊的朋友看来，一般人在上了大学后就应该离开父母独立了，而卡逊却还和自己的母亲住在一起，所以许多人都十分反对。卡逊毫不在意，也非常享受同母亲在一起的时光。她俩一直是一对亲密的母女。

仅此一点，卡逊心中的悲伤就是无法衡量的。

尽管十分悲伤，她还是努力克服悲伤情绪，因为她有一个不能一直悲伤下去的理由。

实际上，在母亲去世的 1958 年，卡逊收到了赫金斯夫人的来信，并决心着手解决杀虫剂和农药滥用问题。

玛利亚是在 12 月去世的，当时卡逊已经完成了《寂静的春天》一部分的草稿。

卡逊在写给朋友的信中表示她要克服悲伤专心工作。她这样写道：

> 尽管她为人温柔善良，对于任何她相信是错误的事情，她也会坚定地与之战斗。知道她对此事的态度将帮助我尽快重拾起这本书并全力将它完成。

玛利亚在九泉之下一定会觉得"这才是我的女儿"。

不能容忍的理由

卡逊一开始并不打算为杀虫剂和农药滥用问题抛头露面，但随着调研深入，她渐渐了解到这个问题的严重性。她慢慢觉得这是一个必须由自己来解决的问题。

在写给朋友的信中,她这样描述了自己的心情:

> 要问我认为这件事有多重要?……如果我知道了真相却保持沉默,那我今后将不能心安理得地生活下去。

卡逊认为人类应当在大自然面前保持谦虚,因为人类是自然的一部分,人类受到了大自然的恩惠和帮助才能够活下去。

长久以来,生物与生物、生物与自然,就处在相互帮助、相互影响的关系当中,维持着微妙的平衡。人类也不过是维持这一平衡的一块拼图而已。然而,人类以统治者自居,妄图打破、修改已经建立起的平衡。

卡逊曾经这样写道:

生命之河将沿着任何为上帝所指定的河道奔流前进——不会受到江河中某滴水，即人类的干扰。

只要一想到自然，她的心中就会升起这样的想法。

自然有着不以人的意志为转移的规律。

尽管如此，人类大量使用杀虫剂和农药，却感受不到一丝心痛，仿佛人类才是自然的主宰。这显然是卡逊难以允许的。

不过，使用杀虫剂和农药的人也有自己的理由。

比如，DDT就是当时使用最广泛的杀虫剂。

在1939年，瑞士科学家发现DDT的杀虫效果后，从第二次世界大战开始，在饱受虫害的热带地区便开始广泛使用DDT。

DDT对消灭虱子、蚊子等传染病病媒发挥

了巨大作用，迅速减少了这些害虫传播的流行性斑疹伤寒和疟疾。

日本在战后也出现了很多跳蚤和虱子，所以美军也在日本的大街小巷喷洒杀虫剂，在车站等人口密集区域甚至直接将杀虫剂洒到人身上。这在现在可能会引发人权问题，但在战后，这种场景在日本是随处可见的。

这样做的确杀死了害虫，尤其是随着虱子的减少，人们逐渐不再害怕可能致死的传染病或流行性斑疹伤寒。

DDT作为农药在农田中也成功杀死了许多害虫。通过喷洒DDT，以作物为食的害虫数量骤降，农作物的产量获得了极大提升。

这样的事例出现在战后的世界各地，DDT因而也被称为"魔法药"或"人类的救世主"，在全世界获得广泛使用；发现DDT杀虫效果的瑞士科学家还获得了诺贝尔奖。

因此，使用杀虫剂和农药在当时受到普遍认可，甚至有人认为这是对地球有益的事情。

但随着DDT等杀虫剂和农药的大量使用，各地逐渐出现了异常情况，最常见的问题就是，随着杀虫剂和农药的广泛喷洒，鸟类、蝴蝶以及其他与所要消灭害虫无关的生物也遭受了池鱼之殃。

而且基本所有杀虫剂和农药都是通过化学合成的。顾名思义，这些杀虫剂和农药本不存在于自然界中，所以它们难以被自然界分解，将长时间以有害状态存在于环境中。

由于杀虫剂能够长时间保持有毒状态，经济性好，一开始人们将这视为合成杀虫剂的一大优点。然而，更需关心的问题是，残留在环境中的有害物质将通过食物链进入生物体内并不断积累，直至引起严重的变化。

当然，也有人想到了这些有害物质终有一天会进入人类体内。

此外，被杀虫剂喷洒却存活下来的害虫具备了抗药性；为了杀死这些害虫就必须使用更加强力的杀虫剂，这一恶性循环也是不能忽视的问题。

但普通人和政府都已经习惯了杀虫剂带来的便利，因而迟迟没有重视这一问题。

以上就是卡逊决定"由我来做"的背景。

癌症

同以往一样，卡逊从调研工作开始。

但那个年代既没有电子邮件，也没有传真，需要花费大量时间才能收集到自己满意的资料。

不过，一旦开始了工作，卡逊身体内的"调研狂人"特质就不会轻易动摇或受挫认输。

卡逊不仅给国内，也给国外的专家写了一

封又一封的信，向他们求教和咨询。

仅仅这些就已经是非常庞大的工作量了。

一开始非常爽快地回答问题、提供建议的研究人员，一旦知道她所做的事情是要揭露滥用杀虫剂和农药的危害之后，便渐渐转变了态度或拒绝帮忙。

特别是政府机构的研究人员以及与制药公司相关的研究人员纷纷转变了态度。不过，也有些研究人员，虽然在这样的机构中工作，还是会悄悄提供一些信息。这说明当时已经有很多研究人员对杀虫剂和农药滥用问题产生了危机感。

就这样，卡逊一边缜密地调研，一边开始写作。在她下决心写作的两年后，也就是1960年，卡逊渐渐看到了终点。

但就在这时，卡逊又受到了一个打击。

1960年4月，在卡逊的左乳发现了肿瘤，她在医生的建议下进行了乳房切除手术。

不过，在夏天来到之前，卡逊完全康复，写作也得以顺利进行。

当年秋天，卡逊向罗德尔和出版商表示，这本书"将在明天春天之前写完"。

但没过多久，卡逊的身体状况再次恶化。

那年年底，肿瘤被确诊为恶性并已经发生转移。第二年开春的时候，卡逊病情加重，基本处于卧床状态。

到了1961年4月，卡逊的病情终于有了起色，此后身体状况迅速好转，到了夏天，她自己觉得写书工作已经开始收尾了。

猫和贝多芬

1961年8月下旬，罗德尔和卡逊进行了一场重要讨论。

这是关于书名的讨论。书名一开始定为《控制自然》，几经修改，《如何平衡自然》《人类对抗地球》等几个书名成了候选，但哪一个都无法令人满意。

于是罗德尔向卡逊提出了《寂静的春天》的书名。

这一书名典出英国诗人约翰·济慈的一句诗，原诗是："虽然湖中的芦苇已枯，也没有鸟儿歌唱"。卡逊在《再也没有鸟儿歌唱》一章中写道："春天现在来了，却没有鸟儿来报春。"这句话与济慈的那句诗都描述了同一个意象，也都能用"寂静的春天"来概括，所以罗德尔提出了这一想法。

卡逊也表示同意，最终把书名确定为《寂静的春天》。

11月，卡逊患上了虹膜睫状体炎，眼睛几

乎无法睁开，这种状态一直持续到1962年年初。这段时间里，卡逊在写给朋友的信中开玩笑地说她现在已经是"病历本"了。

即便身处这样的境地，卡逊想要完成这本书的意志却一点都没有减少，《寂静的春天》也在一天天地迎来收尾。

1962年1月底，全书的主要章节已经基本完成。

卡逊把这些章节寄给了罗德尔和《纽约客》的肖恩。

这一次，肖恩从卡逊开始写作时就一直鼓励她，并且同《环绕我们的海洋》一样，在《寂静的春天》出版之前，选摘了一些章节刊载在了《纽约客》上。

在完成书稿后，卡逊最关心的就是肖恩的反应。卡逊非常害怕肖恩独到的眼光，但也非常信任他的眼光。

几天后，读完书稿的肖恩给卡逊打来了电话，他带着一丝兴奋对卡逊说："终于完成了！你的书非常精彩，这是一项伟大的工程。"

从决定写书到完成全书用了4年的时间，这4年间发生了太多事情。但听到肖恩的这句话，所有的不快和苦难也都烟消云散了。

在那一天放下电话后，卡逊给朋友写了一封信，信中写道：

> 在罗杰睡下后，我抱着杰菲（卡逊的猫）来到书房，播放起贝多芬的小提琴协奏曲——你知道的，这是我的最爱之一。然后突然间，4年的紧张一下散去，我瘫倒在椅子里，双臂搂着杰菲，任由眼泪流下来……现在我已经做完我所能做的（我已经完成它了），现在它有了自己的生命。

第六章

争 议

"《寂静的春天》现在已经成了'骚动的夏天'。"

1962年7月下旬的一天,《纽约时报》用这样的标题报道了席卷美国的大讨论。

引起讨论的当然是卡逊的《寂静的春天》。现在距离图书上市还有两个月的时间,但这本书的部分内容已经刊载在了肖恩的《纽约客》上,很快它引发了激烈的讨论。

不过,虽然叫作"讨论",但其实只是人们对《寂静的春天》的单方面声讨。"充满误解""失望""无话可说""煽动性强"——主要来自杀虫剂和农药业界的相关人士向卡逊倾泻诽谤中伤的语言。

据说为了批判这本书，这些业界团体花费了 25 万美元。某家农药公司还以公司名誉受损为由要求停止出版图书，否则将提起诉讼。

尽管如此，卡逊不为所动，她严正拒绝了停止出版的要求。

卡逊事先已经预料到，文章在《纽约客》上刊载后将会引发强烈的反应，毕竟她所做的正是挑战当时美国的"常识"。

不过，经过过去 4 年的调研和信息收集，她有足够的信心与这个"常识"为敌。

生物的大量死亡

卡逊在这本书中提到了这几年间，发生在美国及周边国家的几起奇怪事件。她不无愤慨地指出，导致问题产生的真正原因都是杀虫剂和农药。

加州的克利尔湖曾是垂钓者的天堂。这里有一种叫作幽蚊的昆虫，垂钓者非常讨厌它们，因此在1949年，政府在这里喷洒了杀虫剂。这种杀虫剂与DDT类似，叫作DDD。然而，由于没有太好的效果，5年后，政府重新喷洒了浓度更高的DDD。

这次效果非常明显，幽蚊基本都被消灭了。但奇怪的事情同时发生了：本来和幽蚊没有丝毫联系的北美䴙䴘的尸体在湖中各处被发现。

尽管如此，当3年后幽蚊再次出现时，政府又喷洒了DDD。这次同样不仅是幽蚊，大量的北美䴙䴘也死亡了。

经过解剖，人们从北美䴙䴘的体内检测出了浓度高达1600mg/kg的DDD；而在喷洒之前，这一浓度只有0.02。为什么浓度会变得这么高呢？

调查结果显示，简单来说，在湖中存在着

一个"浮游生物—鱼类—鸟类"的循环。由于每个环节上的生物体内都积攒了没有分解的DDD，所以随着循环的推移，最终生物体内便积攒了高浓度的DDD。于是，最后一个环节上的北美䴉鹬体内的DDD浓度达到了1600mg/kg。

由于DDD的喷洒，到了1960年，原本栖息在克利尔湖中的1000只北美䴉鹬只剩下了30只。

在伊利诺伊州的谢尔登，为了消灭啃食粮食的害虫日本金龟子，当地政府喷洒了大量叫作狄氏剂的农药。

狄氏剂是一种强力杀虫剂，毒性是DDT的50倍。结果，这一杀虫剂带来了严重的伤害。

受到杀虫剂毒性伤害的幼虫和蚯蚓痛苦地从地里钻了出来，而旅鸫等鸟类争相吃掉了蚯蚓。下雨后形成了不少水洼，鸟儿又喝了不少这样的水来解渴。

于是谢尔登的鸟类几乎无一幸免。

受害者不仅仅是鸟类。草原上遍布着松鼠和兔子的尸体。原本就非常害怕杀虫剂的猫也受到了伤害，谢尔登九成以上的家猫都死掉了。此外，狗、羊和牛等其他许多生物也被毒害了。即便有些草地没有喷洒杀虫剂，草也会因为随风飘来的杀虫剂而受到污染，这些受污染的草最终会被动物吃掉。

而原本的目标日本金龟子，虽然被杀虫剂杀死了很多，但它们仍然得以在美国广袤的土地上不断迁徙，将种群延续下去。

卡逊强忍愤怒地写道：

>   这些杀虫剂不是选择性毒药，它们没有针对我们希望清除的某个物种起作用。我们使用它们，单纯是因为它们是致命毒药。因此，它们毒害到了所有接触到它们

的生物：家里的爱猫、农民的牛羊、地上的兔子以及空中的角百灵。而这些生物是对人类没有任何伤害的无辜者。

《寂静的春天》向读者历数了好几个这样的事件（或者叫惨剧），讲述了事件的经过，展示了人类的愚蠢。

在举出以上事实后，卡逊对那些仍然在滥用杀虫剂和农药的人提出了以下严厉批评：

首先，自然处于一个大的循环当中，所有要素在循环之后都会回归原点，为什么人类不去试图理解这一循环？

其次，第二次世界大战后的时代被称为"科学时代"，科学确实有了长足进步，但我们每个人不能迷信科学。

最后，有些人认为，为了杀死害虫，死几只鸟可以接受。这种想法说明他们根本没有认识到问题的本质。

不过,尽管卡逊进行了严厉批评,但她并不是激进地要求人们立刻停止使用杀虫剂和农药。

> 我并不认为应当禁止使用杀虫剂,而是说人们不应该无节制地使用对生物有害的化学制品。

她在《寂静的春天》里明确地写道。

也就是说,卡逊认为,在使用杀虫剂和农药时,应当对每一种药剂进行更严密的科学验证。在使用的时候,应当严格管理,减少用量。

考虑到美国各地都受到了滥用杀虫剂和农药带来的灾害,可以说,卡逊的建议是非常合理的。

然而,卡逊的建议就像耳旁风一样不被接

受，而批评则在不断增多。

献身自然的修女

《寂静的春天》在1962年9月上市。

由于《纽约客》上的选摘引发了巨大争议，这本书受到了极大关注，第一天就卖出了4万册。

然而，卡逊没有时间为销量感到高兴，她承受了众多批评。

批评的第一个焦点是，《寂静的春天》究竟是不是科学书籍。

我们之前提到过，第一章《明天的寓言》是一个虚构故事，这一点遭到了很多人的批评。没想到的是，还有许多批评却是针对卡逊的学位——他们批评卡逊只有硕士学位，作为研究人员没有成绩。他们声称《寂静的春天》没有资格被称为科学书籍，有些人甚至蔑称它为"可怕的恶意玩笑"。

这不就是一直常见的歧视女性吗？

这些人认为，由于卡逊是一位女性，所以她在《寂静的春天》中所提出的主张是太过情绪化的、具有女性神秘色彩的夸大说法。

就连单身这一点也饱受批评，不知不觉间，她就被贴上了"献身自然的修女"这一标签。

《寂静的春天》不仅仅是卡逊同生产杀虫剂和农药厂商的大资本的战争，也是她与美国长久以来的道德观和价值观的战争。这些价值观毫无理由地主张男性优势，认为"女人就应该知道自己几斤几两"。

对于《寂静的春天》的批评听起来更多是借口，比如"明明是个女的还写书""根本不是科学家却还想写科学书籍"，净是一些和问题本质毫不相关的批评。

然而，在大资本的支持下，这样的言论甚嚣尘上，以至于借口听起来更像事实。

《美国农学家》杂志便刊载了一篇文章，其中孩子和爷爷在森林中边吃橡子边交谈，讨论一本与《寂静的春天》相似的书——《安静的夏天》。爷爷对孩子说：

> 多亏了这本书，许多人都相信不能再向农田喷洒农药了。……我们现在就生活在大自然当中。你的母亲由于被蚊子叮咬而染上疟疾死去，你的父亲则是被饿死的，因为蝗虫把作物吃个精光，引起了严重的饥荒。我们现在肚子饿得咕咕叫也是理所当然的，因为去年种下的土豆全都生虫变坏了。我真希望写这本书的女人能来这里和我们一起体验生活在"自然"中的快乐。

但这个家伙啊,靠这本书发了财,然后去了一个不同意出版这本书的国家。那个国家仍然在使用"不自然"的农药。孩子,快点把橡子拿过来!

这个故事故意歪曲了卡逊的主张,同时也展现出当时社会上普遍存在的对于卡逊的"朴素的反感"。

人们一旦习惯了某种方便,就很难从这种方便中走出来。这当中存在着一个障碍。

当时的社会还不是很成熟,人们还没有意识到环境问题的重要性以及环境问题已经成为重大的社会问题。那么当时美国科学界对杀虫剂和农药问题持什么样的态度呢?他们的态度也不是特别明确。

被沉默掩盖的正确见解

美国国家科学院是美国最权威的科学家团体。该组织从全国吸收优秀的科学家，召集大家讨论各种问题并时常为政府建言献策。

1960年夏天，该组织成立了一个委员会，专门讨论杀虫剂和农药与野生动物之间的关系。两年后，这一委员会得出了如下结论：

> 杀虫剂和农药是现代农业不可或缺的一部分，我们不认为杀虫剂和农药的使用会对野生动物造成危害，造成的危害也十分微小。此外，杀虫剂和农药造成的危害大多是由于"误用"药剂造成的。

说出去的话如同泼出去的水。国家科学院认为，北美鹧鹆、旅鸫及其他生物的大量死亡都是由于杀虫剂的"误用"造成的。

权威的国家科学院花了两年时间得出了这样一个结论,而这正是杀虫剂和农药业界希望看到的结果。

这一结论在后来一直被相关利益团体当成挡箭牌。一旦出了问题,他们就会立刻引用这一结论:"但是,国家科学院认为危害是十分微小的。"

实际上,在这个委员会中有一位卡逊在鱼类及野生动植物管理局的老上司,他就是生物学家克拉伦斯·科塔姆。

科塔姆强烈反对这一结论,但他的反对意见被其他人的沉默所掩盖。实际上,杀虫剂和农药业界动用了大笔资金,将结论引向对自己有利的方向。

因此,在《寂静的春天》上市前,科塔姆给卡逊写信说:

"我确信你正在做一项非常有益的公共服务，但我要提醒你，我也确信你将成为一些人取笑和谴责的对象。对于某些坚定不移的害虫防治工作者以及那些从杀虫剂生产商处收取了大量资助的人来说，事实是可以弃置一旁的。"

反对的声音

但社会上对于《寂静的春天》的评价并不是清一色的反对。

有许多像科塔姆一样的科学家对《寂静的春天》表达了支持。有些人因为对这本书的写作提供了帮助而出现在文前的致谢当中；也有一些人，虽然名字没有出现在书中，但他们赞成卡逊的主张并毫无保留地提供了帮助。

图书出版后的第二年,卡逊照例拿到了各种科学奖和文学奖,而授予她奖项的无疑是支持她的人。

在普通读者中,也不乏卡逊的支持者。

有一次,卡逊收到了一封读者来信,信中写道:"今天晚上坐车回家时,我心中竟然泛起了一股温暖的感觉,因为我白天读了您优美的文字。相信您深沉的雄辩一定会让很多人睁大眼睛看世界,也会让一部分人闭上嘴。"

卡逊在这封信的空白处写道:"单是收到这封信,我就体会到了那么长时间辛劳的意义。"

在一开始面对潮水般的批评时,卡逊过于低调,没有站出来反击。有些人没有读书就开始批评;有些人虽然读了,却曲解书中的意思进行批评。当这些批评越来越多时,卡逊无法再保持沉默了。

1962年12月5日,卡逊在全美女记者俱乐

部发表演讲时说道：

攻击现在形成了一个明确的模式，并且所有大家熟悉的手段都被拿来使用。试图削弱一个主张的一种显而易见的方式是，让倡议这个主张的人失去可信度。所以那些攻讦和影射大师们一直很忙碌：我是一个"爱鸟者"、一个"爱猫者"、一个"爱鱼者"、一个自然的女祭司、一个与宇宙定律（我的批评者认为他们可以不受这些定律约束）有干系的邪教的信徒。

另一种攻击模式是，大体上忽略《寂静的春天》而专注于我会称之为软销售的东西，想方设法让公众感到安心。他们中有些人承认我所提出事实的正确性，但又表示我报告的事件发生在过去，而业界和政府清楚地意识到这些事件，并在很早以前就已经采取措施防止它们再次发生。这时必定要假设，读到这些让人安心的报道的人们，不会在他们的报纸上读到任何与之不一致的报道。但实际上，在最近的几个月里，杀虫剂在新闻中得到了大篇幅报道：有些无足轻重，有些几近好笑，有些则确定无疑需要严肃对待。

卡逊的矛头也指向了那些与相关利益团体关系非同一般的科学家：

> 我们看到科学团体常常会吸纳自己相关行业的十来家或更多大企业，作为"支持会员"。当这样一个科学团体发声时，我们听到的究竟是谁的声音——科学的，还是支持企业的？

然而，不论卡逊的发言多么正当、多么符合常理，批评的声音总是一浪高过一浪。

最后，最大的争议点浮出了水面。

一些人认为，在杀虫剂和农药对自然界的影响仍然存疑的情况下，必须首先论证杀虫剂和农药的安全性。另一些人则认为，只要杀虫剂和农药的危害性没有得到科学证实，就不应该限制使用。

争论就这样无休止地循环着。

总统科学顾问委员会

尽管争论表面上十分激烈，暗中却有一股力量希望解决这一问题。发布这一命令的就是当时的美国总统约翰·肯尼迪。

肯尼迪总统当然知道卡逊是《寂静的春

天》的作者，也知道对此的争论双方各执一词。而且他认识到，这场争论事关国民的健康和生命，不仅对美国，也对世界的未来具有重要意义。

肯尼迪总统的科学顾问都是著名科学家，他命令他们专门检视这一问题。总统科学顾问委员会的专门小组经过 8 个月的调查和取证，于 1963 年 5 月 15 日提交了一份报告。

报告对杀虫剂和农药业界团体以及始终没有认真对待的政府机构给予了严厉批评，认为它们"应加强行动""应加倍努力"。

在此基础上，报告给出了如下政策建议：

> 通过有序减少持久性杀虫剂的使用来控制环境中杀虫剂残留的积累。
>
> 作为第一步，联邦政府各机构可能需要限制持久性杀虫剂的大规模使用，除了

在防治病媒的必要场合。各联邦机构应该引导各州采取类似行动。

彻底消除持久性有毒杀虫剂的使用应该成为努力目标。

此外，报告的最后有这样一段话："公开报道和小组成员的经验都表明，在蕾切尔·卡逊的《寂静的春天》出版之前，国民一般并未意识到杀虫剂的毒性。政府应该以这样一种方式向公众告知这一信息，即在使他们认识到杀虫剂价值的同时，也使他们意识到其危险性。"

卡逊取得了压倒性的胜利。

杀虫剂和农药业界也因为报告中没有出现"禁止"或"大幅限制"等严厉字眼而松了口气。然而尽管如此，整个风向已经发生了变化。

报纸发表了文章《蕾切尔·卡逊被证明是正确的》，曾经批评卡逊的科学杂志也不得不承认，"报告完全赞同蕾切尔·卡逊的《寂静的春天》"。

在这以后，从认可大量使用杀虫剂和农药转变为认识到它们有毒，最终到追求全面禁止使用持久性杀虫剂和农药，美国社会发生了巨大转向。

此后从20世纪60年代后期到70年代初期，从密歇根州和亚利桑那州开始，美国各州陆续禁止使用DDT；日本的农药公司也在1968年主动停止生产DDT，并在1971年全面禁止销售。虽然这一系列行动广泛波及了世界各个国家，但最终到许多国家全面禁止DDT，仍然花费了很长时间。从这里，我们也可以看到，为科学争论下一个结论有多么困难。

不过尽管如此，卡逊在这一问题上的功劳没有受到丝毫损害。正是因为卡逊的努力，人类才能这么快地意识到问题的存在。

而且通过这一场讨论，世界上原本可能出现的许多《明天的寓言》中的村庄都得到了拯救。

后 记

每个人都要有一个大梦想

《寂静的春天》的出版引来了大规模的批判，卡逊一方面要同这些批评的声音战斗，另一方面则要同已经发生转移的癌细胞作战。

胸部的剧痛无时无刻不影响着卡逊，而为了治疗癌症所接触的大量射线又让卡逊的脊椎出现了骨折的风险，一度导致她无法行动。

即便如此，卡逊给自己的主治医生写了一封幽默风趣的信，其中写道：

"我到现在还是不理解那种不论遇到什么困难都会奋战到底的丘吉尔式的决心。"

1963年夏天，卡逊的病情稍有好转，在回到自己在缅因州的住处后，她又经受了"严刑拷打般的疼痛"。经过X光检查，医生发现癌细胞已经转移到了骨盆左半边。

卡逊明白自己时日不多了。

不过，为了在秋季的一个研讨会上发言，她还是打起了最后的精神，撑起最后的体力，横跨美国来到了旧金山。

这也成了卡逊最后的演讲。

在这次演讲中，卡逊展现出来的活力甚至让她自己都有些惊讶。支撑卡逊一直到生命尽头的是一股使命感，这股使命感促使卡逊继续阐述着人与环境关系的重要性：

> 请大家回想一下查尔斯·达尔文发表进化论时所引起的轩然大波。达尔文关于人类起源的观点遭到了许多人激烈的否定，不仅仅是普通人，就连其他科学家也嗤之以鼻。但是现在，大概没有人会否认进化这一事实。尽管如此，还有很多人否定这

样必然的结果：人类通过进化同其他无数生物产生了联系，而人类也和这些生物一样受到了环境的影响。

　　人类难道在心底里默默地害怕什么吗？为什么人类不承认自己的起源，不承认自己同环境之间深刻的联系呢？前人因为难以名状的恐惧和迷信迟迟不愿承认进化论、乱作一团，不过最后还是克服了这些心理。我相信我们一定能够接受人类和环境的真实情况的。

演讲持续了一个小时，其间卡逊不断抛出铁一般的事实引得听众侧耳倾听。演讲最终大获成功，卡逊也终于能够开始她梦寐以求的旧金山观光了。

但从旧金山回到家后，卡逊的身体状况迅速恶化，她右手麻痹无法写字，而且也闻不到气味，品尝不到味道了。

从那以后，卡逊每天都要睡大半天时间。

1964年3月，癌细胞转移到了肝部。尽管进行了手术，但卡逊的身体状况还是越来越糟。

之后她的身体奇迹般恢复，但很快，4月1日傍晚，突发心肌梗死让卡逊的生命定格在了这一天。

她去世时只有56岁。

两条路

卡逊通过《寂静的春天》等一系列作品早早地向世人揭示了环境问题。她认为人类不应该支配自然，而应当与自然共生，这也揭示了人类应当前进的道路。

当我们回顾卡逊56年的人生道路时，我们

应该看到,除了上述内容,卡逊还为我们留下了一条重要信息。

卡逊从小便抱有"成为作家"的梦想。尽管由于家庭贫穷、大萧条时期严峻的社会形势、男权社会的偏见等原因,她多次几乎放弃梦想,但她还是跨过了一个又一个难关,最终实现了梦想。在那个时代,女性如果希望获得独立就会遇到各种各样的困难,许多人都会像斯金克小姐一样一生都无法达成自己的志向。那么为什么卡逊能够坚持下来,并达成自己从小以来的梦想呢?

卡逊在一个保护自然的活动中感到自己的努力终将获得回报,便写信将自己的喜悦分享给了好友:

在达成目标之前,每个人都要有一个大梦想。不能害怕胸怀大志。

正如她自己所说,她一直毫不畏惧、胸怀大志,最终才实现了自己的梦想。每个人都要有一个大梦想,唯有如此,才有可能实现大理想。

在《寂静的春天》中,卡逊不仅仅提出了问题,还给出了一些解决方案。比如,让害虫无法产卵或通过天敌消灭害虫等。她在最后一章《另一条道路》的开头这样写道:

> 我们现在处在一个十字路口,但对于应选择哪一条路,我们并不是那么犹豫。我们曾经走过的道路是一条优质的高速公路。我们陶醉于它奔驰的速度,最后却被欺骗了——这条路通向的是灾祸与毁灭。另一条道路虽然几乎"没有人走过",但只有当我们走上了这条道路,我们才能够保护我们的家园——地球的安全。而且,如果

我们还希望保证自己的安全，这也是最后的、唯一的机会。

这个选择终究要由我们自己来作出。

卡逊离开我们已经超过 50 年了，而我们现在又是走在哪一条路上呢？

年　表

年份	年龄	大事记
1907 年	0 岁	5 月 27 日，出生于美国宾夕法尼亚州的斯普林代尔
1914 年	7 岁	（第一次世界大战爆发）
1918 年	11 岁	首次在儿童杂志《圣尼古拉》上发表《云中的战斗》
1923 年	16 岁	进入帕尔纳索斯中学
1925 年	18 岁	进入宾夕法尼亚女子学院，主修英国文学
1928 年	21 岁	转专业，主修生物学
1929 年	22 岁	从宾夕法尼亚女子学院本科毕业；暑假在伍兹霍尔海洋生物学实验室实习；进入约翰·霍普金斯大学攻读研究生学位（经济大萧条爆发）
1930 年	23 岁	全家搬往巴尔的摩

续表

年份	年龄	大事记
1932 年	25 岁	在约翰·霍普金斯大学取得动物学硕士学位
1934 年	27 岁	放弃攻读博士学位
1935 年	28 岁	父亲罗伯特去世;开始为渔业局撰写广播节目脚本
1936 年	29 岁	作为初级水生生物学家被渔业局正式录用
1937 年	30 岁	姐姐玛丽安去世,留下两个女儿;在《大西洋月刊》上发表《海面下》
1939 年	32 岁	(渔业局被合并到鱼类及野生动植物管理局;DDT 的杀虫效果被发现)
1941 年	34 岁	《海风下》出版 (日军偷袭珍珠港,太平洋战争爆发)
1945 年	38 岁	(第二次世界大战结束)
1946 年	39 岁	开始《自然保护在行动》丛书的调研旅行和写作

续表

年份	年龄	大事记
1948 年	41 岁	恩师玛丽·斯科特·斯金克去世（保罗·米勒获得诺贝尔奖）
1949 年	42 岁	成为鱼类及野生动植物管理局的出版物主编；在佛罗里达海岸进行水下调查；乘坐"信天翁三号"研究船进行海洋调查
1951 年	44 岁	《环绕我们的海洋》出版
1952 年	45 岁	获得美国国家图书奖和约翰·巴勒斯奖；《海风下》再版；从鱼类及野生动植物管理局辞职，开始专心写作
1953 年	46 岁	在缅因州的绍斯波特建造别墅
1955 年	48 岁	《海洋的边缘》出版
1957 年	50 岁	外甥女玛乔丽去世，收养她的孩子罗杰；在马里兰州银泉新建一处住宅（长岛居民向法院提起诉讼，要求政府停止大量喷洒 DDT）
1958 年	51 岁	开始《寂静的春天》的调查和写作；母亲玛利亚去世

年份	年龄	大事记
1960 年	53 岁	左乳发现肿瘤，进行乳房切除手术
1961 年	54 岁	病情恶化，一度卧床不起（约翰·肯尼迪就任美国第 35 任总统）
1962 年	55 岁	《纽约客》杂志开始连载《寂静的春天》
1963 年	56 岁	获得阿尔伯特·施韦策奖（动物福利研究所）；在参议院政府行为委员会做证；在旧金山作了最后的演讲（肯尼迪总统被暗杀）
1964 年		4 月 14 日去世，享年 56 岁
1965 年		《万物皆奇迹》在身后出版

参考文献

本书在写作时参考了以下书籍和资料，感兴趣的读者可进一步了解阅读，相信一定会有新的收获。另外，部分书籍可前往图书馆等处查阅。

《寂静的春天》，蕾切尔·卡逊著，青树筑一译，新潮文库，2011年（有多个简体版）

曾经人们认为大量使用杀虫剂和农药是理所应当的，而蕾切尔·卡逊的这部作品从正面揭露了滥用杀虫剂和农药的危害，在世界范围内引起了巨大讨论。虽然距离初版已经过去了半个世纪，但这本书仍然很受欢迎，被视为环境问题的经典之作。

《环绕我们的海洋》，蕾切尔·卡逊著，日下实男译，早川非虚构文库，2012年（有多个简体版）

这部关于大海的非虚构作品让蕾切尔·卡逊一跃成为畅销书作家。她在书中充分展现了大海的神秘和魅力。

《生命之家：蕾切尔·卡逊传》，保罗·布鲁克斯著，上远惠子译，新潮文库，2007年（简体版：叶凡译，江西教育出版社，1999年）

英文版在1972年出版，作者是负责出版《寂静的春天》的编辑。他与卡逊有着多年交情，不论在工作中还是作为朋友都是卡逊十分信赖的人。本书描写了只有编辑才能看到的卡逊的一些方面。

《自然的见证人》,琳达·利尔著,上远惠子译,东京书籍,2002年(简体版:贺天同译,光明日报出版社,1999年)

英文版在1997年出版,作者是研究蕾切尔·卡逊的第一人,在十几年间根据对200多人的采访和自己的研究完成了这部权威之作。

《〈寂静的春天〉续篇》,小弗兰克·格雷厄姆著,田村三郎、上远惠子译,东京同文书院,1971年(简体版:罗进德等译,科学技术文献出版社,1988年)

本书记述了《寂静的春天》引起的关于杀虫剂和农药的讨论及其发展,以及这场讨论之后的环境问题。作者是著名环保杂志《奥杜邦》的编辑,他通过这本书向我们展示了环境问题的复杂性和困难性。

其他参考文献

《海风下》,蕾切尔·卡逊著,上远惠子译,岩波现代文库,2012年(有多个简体版)

《海洋的边缘》,蕾切尔·卡逊著,上远惠子译,平河出版社,1987年(有多个简体版)

《好奇心》,蕾切尔·卡逊著,上远惠子译,新潮社,1996年(简体版:王重阳译,北京大学出版社,2015年)

《消失的森林:蕾切尔·卡逊的遗作》,琳达·利尔编,古草秀子译,集英社文库,2009年

《蕾切尔·卡逊:深爱着生命和地球的人》,上远惠子著,日本基督教团出版局,2012年

《蕾切尔·卡逊:生态学的先驱》,凯瑟琳·V.库德林斯基著,上远惠子译,佑学社,1989年

《蕾切尔·卡逊》，阿琳·罗达·夸拉特罗著，今井清一译，鸟影社，2006年

《蕾切尔·卡逊：她的一生》，上远惠子编，鸭川出版，1993年

《蕾切尔·卡逊：用〈寂静的春天〉为地球发声的科学家》，金杰·瓦兹华斯著，上远惠子译，偕成社，1999年

《蕾切尔·卡逊》，上冈克己、上远惠子、原强编著，米涅瓦书房，2007年

《〈寂静的春天〉的40年：蕾切尔·卡逊的质疑》，原强著，鸭川出版，2001年

《〈寂静的春天〉的世界：向后世讲述蕾切尔·卡逊》，原强著，鸭川出版，1998年

《跟蕾切尔·卡逊学习环境问题》，多田满著，东京大学出版会，2011年

《改变美国的25本书》，罗伯特·唐斯著，斋藤光、本间长世等译，研究社出版，1972年

思考题

思考题 1

在大学时,蕾切尔·卡逊一度将文学作为主修专业,而将生物学作为辅修专业。但这样她为什么无法集中精力写作?

思考题 2

为什么一部分科学家无法接受蕾切尔·卡逊"通俗易懂"的写作手法?

思考题 3

蕾切尔·卡逊在《寂静的春天》中建议应当如何使用杀虫剂和农药?